INFANCIA Y DESARROLLO ESPECIAL

INFANCIA Y DESARROLLO ESPECIAL

Lectura y libros para alumnos con necesidades especiales

Gabriel Comes Nolla

Es una publicación de:

grupo editorial ceac

Diseño de cubierta: Valerio Viano

© Gabriel Comes Nolla, 2003
© Grupo Editorial Ceac, S.A., 2003
Paseo Manuel Girona, 71 bajos - 08034 Barcelona (España)
Ediciones Ceac es marca registrada por Grupo Editorial Ceac, S.A.
www.editorialceac.com
info@ceacedit.com

ISBN: 84-329-9489-8
Depósito legal: B. 46.501-2002
Impreso en España por Gráficas y Encuadernaciones Reunidas, S.A.

Aunque he viajado por todo el mundo,
no sé si de hecho he salido
de aquellos primeros libros
JORGE LUIS BORGES

De entre todas las mentiras, me quedo con las de cualquier cuento.
Por lo menos su mentir es hermoso, alivia el corazón
y nos hace más ligeros
KAI-PHAN-HO, poeta chino

La lectura es una apuesta a favor del placer
y, en definitiva, de la felicidad
DANIEL PENNAC

Contenido

Introducción

Queremos tratar en este libro, fundamentalmente, de las condiciones de lectura que deben contemplarse y de los libros y material impreso que pueden ofrecerse a los niños y niñas con dificultades educativas, para que saquen el máximo provecho de la actividad lectora y del contacto con estos materiales.

Cuando hablamos de niños y niñas con necesidades educativas, nos referimos a niños y niñas como los otros, con unas mismas necesidades y unos mismos objetivos educativos que alcanzar. Para el informe Warnock, las necesidades educativas de los alumnos, «no significarían una mera etiqueta de deficiencia sobre el niño, sino que incorporaría una descripción positiva sobre la actuación educativa que requiere». Hay que tener en cuenta que «una necesidad educativa puede tomar diversas formas. Se puede tratar de la necesidad de provisión de medios especiales para el acceso al currículum a través, por ejemplo, de equipamiento especial o de técnicas de enseñanza especializada, o bien se puede tratar de la necesidad de modificar el currículum, o de la necesidad de dedicar una atención particular al contexto social y al clima emocional en los cuales se desarrolla la educación».

Atendiendo a este marco conceptual, cabe decir que los métodos, procedimientos metodológicos, materiales, etc., que se deben emplear en el aula ordinaria para enseñar y promocionar la lectura, deben ser los mismos para todos los alumnos, con necesidades educativas especiales o sin ellas. Es cierto que a veces, por las características especiales que presentan ciertos alumnos con hándicap, no serán válidos los procedimientos que se siguen y los materiales que se utilizan *habitualmente* en el aula ordinaria. Será preciso entonces modificar dichos procedimientos u ofrecer materiales distintos o adaptados para que se adecuen a las necesidades educativas que plantean aquellos alumnos en particular.

Por todo ello, en este libro, tras una breve descripción de las características que pueden presentar algunos grupos de alumnos con necesidades educativas especiales; se estudian las condiciones más relevantes que deben seguirse para que el proceso de enseñanza-aprendizaje de la lectura sea un éxito y el gusto e interés de estos alumnos por la lectura se mantenga y se incremente. Los grupos tratados en el libro son:

- alumnos ciegos
- alumnos ambliopes
- alumnos sordos
- alumnos sordociegos
- alumnos con retraso mental leve y con capacidad intelectual límite
- alumnos pertenecientes a minorías étnicas y culturales
- alumnos superdotados.

Seguidamente se examinan las cualidades de los libros que pueden considerarse específicos para estos alumnos: libros con grandes caracteres, libros con sistemas alternativos de comunicación, libros con el lenguaje de los signos, libros táctiles, libros en Braille, etc. Pero aun siendo libros específicos destinados, en un principio, a unos determinados niños o niñas, como por ejemplo, los libros escritos en Braille, se describen las características que deben poseer o las adaptaciones que es preciso realizar para que todos los alumnos del aula ordinaria puedan compartir una misma lectura y un mismo material, por ejemplo, libros que, además de estar escritos en Braille, contengan el texto a tinta.

También se analizan los tipos de libros que existen en el mercado editorial y que se pueden utilizar para cubrir las necesidades educativas que presentan los alumnos, y las características que deben tener para que padres y profesionales de la educación puedan confeccionarlos ellos mismos.

En definitiva, se trata de que padres y profesores, si están convencidos como lo estamos nosotros de la gran importancia que tiene la lectura para una buena adaptación, tanto personal como escolar y social de los niños y niñas ya en edades tempranas, puedan servirse de una serie de orientaciones que se ofrecen en este libro y seleccionar en cada momento, y en cada circunstancia, los materiales y libros adecuados para conseguir que sus alumnos o hijos con necesidades educativas accedan a la lectura y desarrollen el gusto e interés por esta actividad tan valiosa, y lograr, de esta forma, que ningún hándicap obstaculice dichos objetivos.

1

Los alumnos con necesidades educativas especiales. Principios educativos para su enseñanza

Actualmente se considera que un alumno con necesidades educativas especiales es, ante todo, un niño, lo que conlleva, desde el punto de vista educativo, que todos los niños y niñas tienen unas mismas necesidades: llegar a alcanzar los fines generales de la educación con la ayuda de todos los medios y recursos necesarios, tanto materiales como personales.

Esta nueva concepción del tratamiento educativo del alumno con necesidades, centrada en el propio niño y no en la deficiencia que padece, rompe con la idea de que para atenderlos educativamente es preciso establecer dos grupos de alumnos: los disminuidos, que recibirían una educación especial, y los no disminuidos, que recibirían simplemente educación.

Y aunque se mantienen los centros de educación especial sólo para aquellos alumnos cuyas necesidades educativas no puedan ser atendidas en los centros ordinarios por requerir unos recursos muy específicos y especializados que estos centros no disponen, el nuevo sistema educativo contempla un único marco curricular para todos los niños, tengan o no algún hándicap, lo que conlleva que el lugar habitual donde deben ser educados todos los alumnos sea el centro ordinario.

Dentro de este marco escolar normalizado, para atender correctamente a los alumnos con necesidades educativas, se debe abandonar la enseñanza basada en un modelo «deficitario» que lleva a la dependencia y que se centra en el sujeto como única causa de los problemas cognitivos y de aprendizaje del niño sin buscar ninguna causa en el contexto y llevar a cabo un modelo educativo «competencial», que según López Melero (1997) lleva a la autonomía y se fundamenta en establecer puentes cognitivos entre los alumnos y el currículum para que adquieran y desarrollen estrategias que les permitan resolver problemas de la vida cotidiana y los prepare para disfrutar de las posibilidades que les ofrece la vida. En el siguiente cuadro (esquema 1) pueden verse las diferencias existentes entre los dos modelos:

EDUCACIÓN PARA LA AUTONOMÍA	EDUCACIÓN PARA LA DEPENDENCIA
Competencia educabilidad	Incapacidad. Déficit
Inteligencia de los procesos lógicos	Inteligencia como capacidad
Conocimiento amplio	Conocimiento específico
Elasticidad mental	Rigidez mental
Aprendizaje significativo y relevante: «aprender a aprender»	Aprendizaje mecánico. Cantidad
Aprendizaje intencional y provocado	Aprendizaje espontáneo
Heterogeneidad	Homogeneidad
Esquemas de acción conjunta	Esquemas individuales
Emoción por conocer	«Castigo» por conocer
Proceso	Resultado
Educación cognitiva	Selecciona: terapia
El niño como científico	El profesor científico
Diversidad como valor. Ética. Autonomía y calidad de vida	Diversidad como defecto. Dependencia

Esquema 1: Diferencias entre los dos modelos educativos (López, 1997)

Y aunque la adaptación y el éxito escolar de alumnos con necesidades educativas puede resultar difícil en algunas ocasiones, el sistema educativo cuenta con estrategias y recursos para hacer frente a las dificultades que se pueden presentar. Se deben producir, no obstante, según Vega (2000), algunos cambios en la escuela tradicional para asegurar la máxima eficacia y eficiencia en el proceso de enseñanza-aprendizaje de los alumnos con necesidades educativas:

1. Cambios arquitectónicos: supresión de barreras físicas, construcción de accesos, gimnasios...

2. Cambios en la metodología y criterios de agrupación de los alumnos:

   – Individualización didáctica.
   – Pedagogía activa y basada en el principio de globalización.
   – Fomento del trabajo cooperativo y no competitivo entre alumnos.
   – Agrupamiento heterogéneo y flexible del alumnado.
   – Promoción automática de curso y ciclo.

3. Creación, en el aula, de un clima que ofrezca oportunidades de interacción entre alumnos deficientes y no deficientes, y que permita que los alumnos con deficiencias severas participen en todas las actividades no académicas del colegio. La interacción profesor-alumno debe tender en todo momento a la facilitación del aprendizaje de estos sujetos.

4. Trabajo en equipo de profesores, en departamentos interdisciplinares y coordinación de los profesores de apoyo, equipos multiprofesionales y profesores ordinarios, en el trabajo con los niños con limitaciones.

5. Cambio de actitudes hacia la integración y hacia los niños con deficiencias. En este sentido, un objetivo prioritario, tanto en el ámbito de la educación como en el de la sociedad, es el de concienciar y motivar a todos los que van a tomar parte en el proceso de integración.

6. Potenciación del desarrollo profesional de los profesionales, dentro de los centros, con estrecha relación con la universidad para que ofrezca cursos que se adecuen a las necesidades de la práctica.

7. Implicación del entorno social. En este contexto se incluyen como agentes privilegiados los padres.

8. Superación de obstáculos que están provocando el fracaso de algunas experiencias que se están realizando:

   – excesivo número de alumnos;
   – limitaciones del edificio escolar;
   – ausencia de servicios de apoyo;
   – ausencia o mala planificación de la enseñanza;
   – enseñanza formalista;
   – ausencia de trabajo en equipo por parte de los profesores;
   – falta de cooperación entre profesores y especialistas;

– falta de medios, instrumentos y programas educativos;
– falta de una adecuada formación del profesorado;
– estructura y contenidos del currículum.

Así pues, todos los alumnos deben conseguir alcanzar unos mismos objetivos; lo que ocurre es que para que los alumnos con necesidades educativas puedan llegar al máximo de sus posibilidades, a veces es preciso seguir procedimientos distintos de los utilizados habitualmente, emplear materiales diferentes o modificados y conseguir crear condiciones educativas eficaces que eliminen las barreras que impiden a estos alumnos el acceso al currículum.

2

La labor de los padres en el fomento de la lectura de sus hijos

Tradicionalmente se recomendaba a los padres que confiaran sus hijos a los educadores, incluso fuera de las horas de clase. Cualquier aportación que los padres quisieran hacer fundamentalmente dentro del marco escolar era vista, en la mayoría de los casos, como una «intromisión» en la labor de los profesionales.

Actualmente es indiscutible el valor que tiene la participación de los padres en la educación de sus hijos, sobre todo porque ellos son los que mejor los conocen y los que pueden promocionar el aprendizaje en el hogar, evitando así las consecuencias negativas que supone que el niño o niña no esté suficientemente estimulado.

Si tenemos en cuenta que un niño con necesidades educativas, respecto a sus compañeros de aula ordinaria, precisa de mayor y especial atención educativa, la intervención de los padres se hace aún más necesaria y más en las primeras edades, para poder prevenir déficit posteriores.

Desgraciadamente, la colaboración de los padres en la educación de los niños con necesidades especiales es escasa, perdiéndose la gran contribución que podrían hacer al currículum y que según Brennan (1988) se centra en que:

1. Proporcionan información sobre las necesidades especiales del niño.
2. Informan sobre las circunstancias familiares.

3. Transmiten información sobre la conducta del niño fuera de la escuela y su actitud hacia la escuela y los profesores.
4. Alertan a la escuela sobre cualquier interés o talento especial que el niño muestra en casa.
5. Dan a conocer sus ideas sobre la educación del niño, y su relación con planes posibles y futuros.
6. Contribuyen a asegurar la armonía entre el hogar y la escuela.
7. Participan activamente en el aprendizaje del niño.
8. Organizan visitas familiares que contribuyen al currículum.
9. Cooperan con otros padres y profesores en la discusión y evaluación del currículum, los recursos de la escuela, etc.
10. Usan su influencia y experiencia para crear lazos entre la escuela y la comunidad.
11. Ponen sus conocimientos o habilidades especiales a disposición del currículum escolar.

Para conseguir una mayor participación de los padres en la educación de sus hijos y que no se pierdan los enormes beneficios que ello supone, los maestros tienen un papel muy importante a realizar y son muchas las actividades que pueden llevar a cabo. Entre ellas cabe destacar:

1. Enviar información a sus casas, o convocar una reunión de padres para explicarles lo que se pretende hacer, para aquellos alumnos que pueden ser considerados como necesitados de algún programa especial a causa de alguna habilidad fuera de lo común.
2. Integrar a los padres en el proceso de identificación: invitarlos a completar inventarios o cuestionarios.
3. Compartir con los padres el resultado de cualquier evaluación y observación, haya sido formal o informalmente efectuada.
4. Requerir su participación para definir exactamente las capacidades y áreas de interés de sus hijos.
5. Comunicar y enviar a casa copias de cualquier adaptación del currículum o actividades enriquecedoras que se pueda estar planeando llevar a cabo.
6. Invitar a los padres a participar en actividades enriquecedoras y solicitarles ayuda para proporcionar otras.
7. Implicarlos en la valoración de las actividades especiales y de los proyectos de sus hijos.

8. Tenerlos informados de los progresos de sus hijos en todas las áreas del currículum.
9. Sugerirles posibles actividades que puedan llevar a cabo en casa, con sus hijos.
10. Y sobre todo: darles la oportunidad de que digan qué piensan sobre lo que se está haciendo (Verhaaren, 1990.)

Si la participación activa de los padres es importante en el enriquecimiento del currículum escolar en general, no lo es menos en el fomento de la lectura de sus hijos en particular, porque es en el hogar donde comienza el largo proceso de formación y desarrollo del hábito de la lectura.

Así pues, aunque el niño no sepa leer ya se le puede proporcionar una buena base para la enseñanza de la lectura. Éstas son las sugerencias que nos ofrece Taylor (1981, 1986) para conseguirlo y que pueden ser empleadas con mucho provecho en el niño con dificultades educativas:

1. Leed en presencia del niño y mostradle que lo estáis disfrutando, así él tendrá el deseo de leer más tarde y pensará que es una experiencia agradable. Pero si ignoráis al niño mientras leéis y le forzáis a que oiga o lea cuentos, temerá leer o lo verá como un castigo.
2. Tener libros adecuados a su disposición para que los vea y sienta deseos de leerlos.
3. Leed con ellos a menudo libros que les gusten, en un entorno agradable.
4. Leedle solamente cuando podáis y disfrutad los dos con la lectura. El calor de vuestro cuerpo cerca, toda vuestra atención para él y un buen libro hacen una combinación excelente, difícil de superar.
5. Contadles (no siempre leerles) historias. Se pueden preparar historias continuadas, siempre con un episodio nuevo, sobre algún personaje inventado o sobre hechos reales o miembros de la familia.
6. Ayudad a mantener la atención del niño y a proporcionarle actividades estimulantes e interesantes. Una actividad sostenida es importante, porque leer requiere tiempo y concentración.
7. Ayudad a vuestro hijo a darse cuenta de la secuencia de izquierda a derecha que se utiliza en la lectura.
8. Proporcionadles actividades consistentes en escuchar (cintas, discos).
9. Animadlos a contar historias a otros miembros de la familia o a sus amigos.

10. Cuando sientan interés y estén suficientemente preparados, dadles unas tarjetas alfabéticas o unas letras para que se vayan familiarizando con ellas.
11. Aumentad su vocabulario, presentándoles y definiéndoles palabras y términos adecuados.
12. Dadles unas hojas de papel (o un cuaderno) para que dibujen o ilustren una historia mientras el padre toma nota de los comentarios que hagan.
13. Ayudadlos a aprender cosas interesantes con el empleo de los libros.
14. Llevadlos a menudo a una biblioteca.

Cuando el niño ya sabe leer, la ayuda de los padres sigue siendo válida y fundamental.

Uno de los medios importantes para conseguir que el niño o niña ame la lectura, es que vea cómo los padres también leen y lo hacen con placer, así como que observen que en su casa hay muchos libros y que se respetan. Sin olvidar que la actividad lectora de los niños debe proporcionarles satisfacción; no se debe obligar a leer, ni convertir la lectura en una sesión de preguntas sobre el texto.

Además de estos consejos que el profesional puede dar a los padres para fomentar la lectura en sus hijos, también puede informarles de las diversas técnicas existentes para fomentar la lectura desde el punto de vista de la familia y animarlos a que sigan una de ellas. En la página siguiente (esquema 2) se muestra el procedimiento completo utilizado en la técnica del Paired Reading (P.R.) ideada por Topping (1987).

Como conclusión podemos decir que si realmente creemos en el valor de la lectura, en la importancia de que el niño, sobre todo en las primeras edades, se ponga en contacto con los libros —hecho determinante para que en el futuro tenga una buena disposición para leer—, es obvio que la participación de los padres es imprescindible. El profesional de la educación debe fomentar tal participación y más si se tiene en cuenta que la mayoría de los padres están capacitados para ayudar a sus hijos en el momento de iniciarse en la lectura, independientemente de su nivel cultural y socioeconómico.

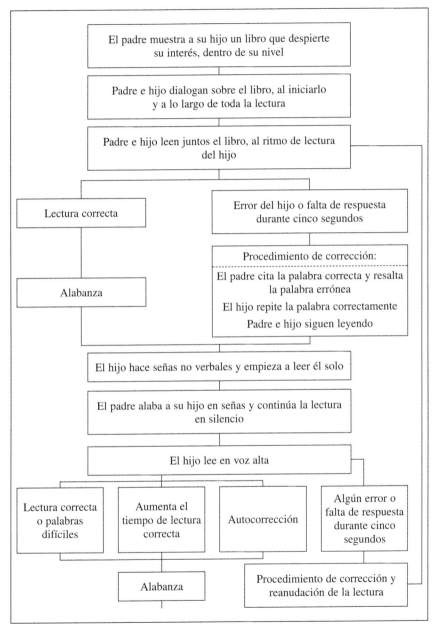

Esquema 2: Procedimiento completo de la técnica del Paired Reading

3

Importancia de las prácticas lectoras en edades tempranas

Hemos comentado, en el capítulo anterior, que el proceso para devenir lector es un proceso largo y difícil y que debe empezar en el hogar materno, poniendo al niño en contacto con el material impreso, si se quiere que tenga éxito. Esto es posible hacerlo en edades muy tempranas como nos señala Martín (1986) a través de algunas notas sobre el desarrollo educativo del niño:

- *2 meses*
  Se inmoviliza cuando se le habla (ya se le puede leer o contar un cuento).
- *3 meses*
  Mira un objeto colocado delante de él o ella (ya se puede utilizar el libro como objeto-estímulo).
- *4 meses*
  Recorre las ilustraciones con la vista, aunque todavía sin fijar la mirada (obsérvese el movimiento ocular y la fijación).
- *5 meses*
  Ya ríe y vocaliza al manipular un libro (ofrecerle distintas formas y texturas).
  – Distingue el libro entre otros objetos que se le presentan (si le atrae, ofrece resistencia a que se lo quiten).
  – Mira más una lámina coloreada que otra blanca.

- *8 meses*
  Busca y descubre un objeto escondido (el propio libro o si éste es el que oculta otro objeto).
- *12 meses*
  Prefiere más una lámina con figuras que otra que sólo reproduzca colores.
  – Reconoce imágenes de cosas familiares.
- *15 meses*
  Las identifica. Señala con el dedo.
- *18 meses*
  Pasa las páginas de un libro (varias a la vez).
  – Nombra o señala dos dibujos.
- *21 meses*
  Asocia dos palabras o dibujos.
  – Señala 5 partes del cuerpo en un dibujo de un niño.
- *24 meses*
  Pasa las páginas del libro una a una.
  – Dobla una hoja de papel del libro.
  – Imita acciones representadas en un libro.
  – Nombra 2 o señala 4 dibujos.
- *30 meses*
  Nombra 5 o señala 7 dibujos.
  – Construye según modelo en libro o lámina.
- *de 3 a 4 años*
  Comprende relaciones causales entre 3 escenas de un libro (sin ver la segunda).
  – Ya tiene adquirido el concepto y significados básicos de lo que es un libro en sí.

Para Teberosky (1999), las prácticas de lectura familiares (leer cuentos, leer material impreso de tipo doméstico como el texto de una caja de cereales, leer el periódico, leer rótulos de la calle…) son indispensables para que los alumnos no sólo lleguen a aprender a leer y escribir sino que lleguen a ser lectores o escritores adultos. Tales prácticas son importantes porque crean las condiciones para que los niños y niñas:

1. Descubran el lenguaje de los libros.
2. Establezcan conexiones entre el lenguaje escrito y el lenguaje oral.
3. Aprendan expresiones y palabras propias de los textos.

4. Oigan palabras nuevas en contextos significativos.
5. Aumenten su vocabulario.
6. Aprendan a escuchar y a pensar en términos del razonamiento propio del lenguaje escrito.
7. Adquieran conocimientos convencionales, como el nombre de las letras, la dirección de la escritura, la forma de las letras, las marcas de puntuación, la disposición gráfica.

Centrándonos, de entre el material impreso, en los libros, podríamos añadir, siguiendo a Martín (1986), que utilizado adecuadamente en edades muy tempranas facilita:

1. Primeras experiencias de color.
2. Primeras experiencias de la imagen (en dos dimensiones).
3. Reconocer objetos, personas o situaciones.
4. Asimilar el sonido y la palabra a la imagen.
5. Enriquecer el vocabulario y el lenguaje.
6. Incitar a la comunicación.
7. Aumentar la capacidad de atención, observación y memoria.
8. Introducir la comprensión de secuencias temporales o causales.
9. Incitación a la actividad, participación e imitación (órdenes, instrucciones, juegos).
10. Comprensión y aceptación de situaciones personales.
11. ... Hasta el simple ejercicio de pasar las páginas del libro es algo realmente interesante y enriquecedor para la motricidad fina.

De entre todas las actividades lectoras en que el niño puede participar, hay que destacar el valor de la rutina de leer libros ilustrados y cuentos en edades tempranas, por el formato especial que presentan:

1. Interacción de preguntas.
2. Participación activa.
3. Relación entre objetos de dos dimensiones y los objetos del mundo real de tres dimensiones.
4. Interacción pregunta-respuesta-evaluación.
5. Enumeración de rasgos o propiedades del objeto.
6. Discurso de tipo narración de ficción.
7. Preparación como audiencia. (Teberosky, 1999.)

Dicho formato interactivo propicia especialmente, al parecer de Clemente y Codes (1998), la adquisición de léxico, la adquisición y el afianzamiento de las estructuras narrativas del niño o niña, considerándolas como otro tipo discursivo diferente del diálogo pero igualmente necesario para el desarrollo del lenguaje y el papel primordial que tiene en el aprendizaje de la modalidad lecto-escrita.

También la lectura de libros ilustrados permite desarrollar en el niño o niña procesos cognitivos-lingüísticos complejos y, además, no podemos olvidar, como señala Comes (1985), lo gratificante y divertida que puede resultar esta actividad para el adulto y para el niño; tanto es así, que al niño no sólo no le importa que le «lean» una y otra vez el mismo cuento sino que exige que se le repita sin ningún tipo de variación, y si esta práctica «lectora» se ha convertido en hábito, no perdona que se deje de realizar ningún día. Y resulta gratificante por el mismo proceso de «leer» imágenes y escuchar historias y por el contacto físico (niño o niña en las rodillas del adulto) y afectivo que se produce entre ellos.

Esta práctica lectora en el hogar debe tener continuidad en la escuela infantil. Así el profesor dispone de variadas actividades para trab ʲᵃʳ con el libro ilustrado y que según Artiga (1984) se podrían sintetizar en:

1. Conversación sobre el grabado: ir de la simple enumeración a la formación de frases.
2. Captar la idea principal.
3. Ponerse dentro del personaje: ¿qué debe decir?, ¿qué piensa?, ¿está contento?
4. Inventar diálogos.
5. Relacionar el dibujo con cosas de la vida; por ejemplo, si juegan, que digan nombres de juegos y juguetes.
6. Descubrir pequeños detalles: ¿quién ve más cosas?
7. Hacer ejercicios psicomotrices, imitando posiciones de los personajes del grabado.
8. Ejercitar la memoria: dar un tiempo para mirar el dibujo, cerrar el libro y recordar aquello que han visto.

Si bien el empleo de libros en edades tempranas creemos que es muy conveniente para todos los niños, nos parece imprescindible su utilización en el caso de niños con necesidades educativas, no sólo como medio para compensar sus limitaciones sino también por las enormes ventajas que puede reportar y que, según Taylor (1986), pueden resumirse en:

1. Enriquecer o complementar las experiencias que tienen de primera mano.
2. Mejorar su autoimagen y desarrollar su autocontrol.
3. Definir roles sexuales precisos e identificables.
4. Construir relaciones sociales por medio de experiencias compartidas.
5. Construir conceptos correctos, esclarecer ideas, presentar información y estimular nuevas ideas.
6. Fomentar la apreciación estética y estimular la expresión creativa.
7. Proporcionar experiencias literarias y familiarizarlos con nuevos medios de aprender cosas sobre el mundo.
8. Ofrecer experiencias de tipo auditivo.
9. Estimular la comunicación verbal con otros niños y adultos.
10. Las historias son una actividad pausada muy entretenida. Sirven como cambio de ritmo y constituyen una excelente oportunidad de sentir más próxima físicamente la presencia del profesor.
11. Estimulan una actitud positiva relativa al cuidado y uso de los libros y hacia la lectura.

En fin, estamos totalmente convencidos de que el libro, utilizado correctamente y en edades tempranas, es uno de los materiales más importantes puestos a disposición del profesor y de los padres, para poder desarrollar las potencialidades de los niños.

4

Tipos de libros y literatura que hay que potenciar. Los libros para alumnos con necesidades educativas

Actualmente, el proporcionar a los niños y niñas una gran variedad de libros, de una gran belleza y calidad, es una tarea fácil ya que están disponibles en el mercado editorial una gran cantidad de todo tipo de ellos y para todas las edades. Así, antes de empezar la enseñanza obligatoria, o sea antes de los 6 años, podemos ofrecer a los niños y niñas, las siguientes libros (concebidos como un estadio intermedio entre la literatura y el juego):

1. *Libros de imágenes*. Los primeros libros para los niños acostumbran ser libros para identificar y nombrar (figura 1).
2. *Libros interactivos*. Los libros «animados» o interactivos exploran los nexos comunes de la literatura y el juego, y lo consiguen a partir de múltiples manipulaciones del libro, entre ellas, podemos destacar:

   a) Las hojas partidas, horizontal o verticalmente, de forma que pueden componerse distintos personajes, paisajes o historias al combinarlas (figura 2).
   b) Los cambios en una misma imagen al hacer girar una parte integrada en un disco de papel o al sobreponerse acetatos (figura 3).
   c) Las hojas desplegables que prolongan la imagen en acordeón o la completan de forma inesperada (figura 4).

Figura 1: *El gran libro de imágenes Teo*, Violeta Denou, Ed. Timun Mas

Figura 2: *Teo se viste y juega: Disfraces*, Violeta Denou, Ed. Timun Mas

Figura 3: *Jimmy, ¡está nevando!*, Paul Dowling, Ed. Timun Mas

Figura 4: *Los sueños de Piggy Wiggy*, Christyan y Diane Fox, Ed. Timun Mas

d) La creación de movimiento y de volumen (tridimensionales) al tirar de lengüetas o abrir el libro (figura 5).

Figura 5:
¿Quién se ha escondido?,
Jo Lodge, Ed. Timun Mas

e) La incorporación de estímulos dirigidos a sentidos distintos de la vista (libros táctiles, sonoros…) (figura 6).

Figura 6: *¡Vaya modales,*
Monstruita! R. Morgan y
E.A. Cantillon, Ed. Timun Mas

f) La existencia de agujeros en las hojas, que se superponen y aso-
cian de distintas formas.

g) La apertura hacia diversas actividades del lector, tales como pin-
tar y borrar con agua, trasladar adhesivos, etc. (figura 7).

Figura 7: *¡Cómo llueve Guille!*, Horacio Elena, Ed. Timun Mas

3. *Libros informativos.* Ayudan a hablar sobre nuevos descubrimientos,
a darles sus nombres y a divertirse ejerciendo la comparación y contraste de los conceptos a través de muchas propuestas imaginativas.
Se divide en dos categorías principales:

35

a) Libros de conceptos. Se proponen ayudar a los niños en su progresiva elaboración conceptual (clasificar elementos, diferenciar formas, colores, etc.) (figura 8).

Figura 8: *Libros Sorpresa: Números,* Ed. Timun Mas

b) Libros de conocimientos. Tratan sobre temas que interesan a los pequeños: los animales… (figura 9).

Figura 9: *Animales Domésticos,* Ed. Timun Mas

4. *Historias sin palabras.* Libros que desarrollan una historia completa utilizando únicamente una sucesión de imágenes (figura 10).

Figura 10: *Teo se viste y juega: Disfraces,* Violeta Denou, Ed. Timun Mas

5. *Libros-juego para mayores.* Libros en los que los lectores interactúan con el libro: pueden elegir por ejemplo distintos finales o jugar con ellos: encontrar un personaje (libros de Wally, por ejemplo);

exploración de nuevos materiales: libros fosforescentes, con hologramas, etc.

6. *Historias multimedia.* Libros que reproducen en casete la narración (libros «hablados») o libros que se pasan a vídeo y más recientemente se ha abierto la posibilidad de establecer un juego literario interactivo a través de los ordenadores. (Colomer, 1999.)

Tal variedad de libros permite a los padres y profesores seleccionar los más adecuados atendiendo a las necesidades individuales de los niños y niñas y fomentar el interés y la motivación por la lectura y el amor por los libros.

Ahora bien, dejando el aspecto formal de los libros y centrándonos en su contenido, hay que decir que, aunque existen pocos, debemos evitar el contenido de aquellos libros que promueven principios en ningún caso deseables como el sexismo, el racismo, etc. Si se quiere que la lectura sea realmente formativa, ésta debe promover valores que sean aceptados universalmente.

Sobre los libros que conviene potenciar, la IBBY (International Board on Books for Young People) dio las siguientes pautas y sugerencias:

1. Libros de fantasías para despertar la imaginación de los niños, para guiarlos a cimas de inventiva artística o exploración científica jamás soñadas anteriormente.

2. Libros que fomenten la amistad, la paz y el entendimiento; libros que presenten a otras personas con un medio de vida diferente; libros que presenten una variedad de grupos y culturas étnicas de manera positiva y no estereotipada.

3. Libros que los preparen para vivir en armonía en un mundo interdependiente.

4. Libros que les hablen de su propia herencia étnica: historia, fábula, leyenda, folclore; libros escritos e ilustrados por personas íntimamente asociadas con su propia cultura, para alentar su propio desarrollo y darles un sentido de identidad personal.

5. Libros que, aunque conozcan el valor de las diferencias culturales, subrayen las muchas cosas compartidas por toda la humanidad; libros que hablen de las necesidades humanas básicas y de los derechos humanos; libros que fomenten la preocupación por la Tierra, el pequeño planeta en el que vivimos.

6. Libros que inciten y alienten el espíritu de investigación para que los jóvenes se vean estimulados a seguir leyendo y aprendiendo.

7. Libros que estimulen el conocimiento de las primeras letras; libros que sean fáciles y al mismo tiempo interesantes; que mantengan en los principiantes el deseo de perfeccionar sus conocimientos.

8. Libros que muestren distintas profesiones y que den a los lectores juveniles los conocimientos prácticos necesarios para poder bastarse a sí mismos.

9. Libros para ampliar su comprensión de la vida y problemas de otras personas y, por tanto, que les den nueva percepción de su propia vida y problemas.

10. Hermosos libros con ilustraciones que despierten su sensibilidad; cuentos de hadas para maravillarse; historietas cómicas para reír; relatos conmovedores para sus sentimientos (Cervera, J., 1984) (figura 11).

Figura 11: ¿Me lees un cuento, por favor?, Penny Dan, Ed. Timun Mas

Como puede comprobarse, existen numerosos tipos de libros y cada uno de ellos tiene unas finalidades formativas, por lo que sería empobrecedor para el niño que sólo se le presentase un tipo de libro. Los profesores, al elegirlos para sus alumnos, además de su componente formativo, deben guiarse por su temática: que atienda sus intereses.

En general, éstos son los intereses de lectura predominantes en las diferentes edades:

1. Libros-imagen con vistosas ilustraciones y dibujos esquemáticos (entre 2 y 5/6 años): fase integral-personal centrada en la iniciación e individualidad, donde hay una mínima diferenciación entre el mundo externo y el interno.
2. Cuentos de hadas (entre 5 y 8/9 años): edad del realismo mágico donde la fantasía es indispensable.
3. Relato ambiental y aventurero (entre 9 y 12 años). Construcción del realismo aunque con una fuerte dosis de fantasía. Empieza el gusto por la aventura. (Rajadell, 1990.)

Puede ser útil, a la hora de seleccionar los más adecuados para nuestros alumnos, tener presente la lista de los 100 libros infantiles escritos por autores españoles durante este siglo que por su calidad merecen ser leídos en este siglo y estar en todas las bibliotecas de los centros escolares de España, según la opinión que en el año 2000 manifestaron unos cuarenta pedagogos, escritores y críticos literarios a petición de la Fundación Germán Sánchez:

- *Les extraordinàries aventures d'en Massagran* (J. M. Folch i Torres, 1910).
- *La cabeza del dragón* (Ramón María del Valle-Inclán, 1914).
- *Els nens de la meva escala* (Joan Salvat–Papasseit, 1921).
- *El nacimiento de Pinocho* (S. Bartolozzi, 1925).
- *Joan Barroer* (Carles Riba, 1928).
- *Totó, Tití, Loló, Lilí, Frufrú, Pompoff y la señora Romboedro* (Manuel Abril, 1930).
- *Veintiséis cuentos en orden alfabético* (Antonio Robles, 1930).
- *Rosa-Fría, patinadora de la Luna* (M. T. León, 1934).
- *Canción tonta en el Sur* (Celia Viñas, 1948).
- *Antón Retaco* (María Luisa Gefaell, 1956).
- *El niño, la golondrina y el gato* (M. Buñuel, 1959).

- *Dardo, el caballo del bosque* (R. Morales, 1961).
- *De un país lejano* (Angela Ionescu, 1962).
- *Color de fuego* (Carmen Kurtz, 1964).
- *El zoo d'en Pitus* (Sebastià Sorribas, 1966).
- *Asamblea General* (Lauro Olmo/ Pilar Enciso, 1969).
- *Rovelló* (Josep Vallverdú, 1969).
- *Balada de un castellano* (Isabel Molina, 1970).
- *Don Pato y don Pito* (Gloria Fuertes, 1971).
- *El hombre de las cien manos* (Luis Matilla, 1973).
- *Los batautos* (Consuelo Armijo, 1975).
- *La guía fantástica* (Joles Senell, 1979).
- *El hombrecito vestido de gris* (F. Alonso, 1978).
- *Ulls de gat mesquer* (Joan Barceló, 1979).
- *Escenarios fantásticos* (Joan M. Gisbert, 1979).
- *Cuenta que te cuenta* (M. de la Luz Uribe, 1979).
- *Alegrías* (Marina Romero, 1980).
- *La verdadera y singular historia de la princesa y el dragón* (José Luis Alonso, 1981).
- *Raspall* (Pere Calders/Carme Solé, 1981).
- *Algunos niños, tres perros y más cosas* (Juana Farias, 1981).
- *La playa larga* (Jaime Ferrán, 1981).
- *El castillo de las tres murallas* (Carme Martín Gaite, 1981).
- *Tatrebill, en contes uns* (Miquel Obiols, 1982).
- *Jinetes en caballos de palo* (Marta Osorio, 1982).
- *Asperú, juglar embruixat* (Mercé Canela, 1982).
- *A galiña azul* (Carlos Casares, 1988).
- *Joanot de Rocacorba* (Teresa Durán, 1983).
- *La tierra del Sol y la Luna* (Concha López de Narváez, 1983).
- *Capitanes de plástico* (Pilar Mateos, 1983).
- *Os soños na gaiola* (Manuel María, 1984).
- *Mecanoscrit del segon origen* (Manuel de Pedrolo, 1984).
- *L'ocell de foc* (Emili Teixidor, 1985).
- *Fosco* (Antonio Martínez Menchén, 1985).
- *Cosas de Ramón Lamote* (Paco Martín, 1986).
- *Arnoya, Arnoya* (X. L. Méndez Ferrín, 1986).
- *El oro de los sueños* (José María Merino, 1986).
- *I tu què hi fas aquí?* (Joaquim Carbó, 1987).
- *Tot quant veus és el mar* (G. Janer Manila, 1988).

- *No demanis llobarro fora de temporada* (A. Martín/ J. Ribera, 1987).
- *El soñador furtivo* (Jesús Carazo, 1989).
- *Versos de agua* (A. García Teijeiro, 1989).
- *El sabio rey loco...* (Empar de Lanuza, 1989).
- *La niña calendulera* (Carlos Murciano, 1989).
- *La casa pintada* (Montse del Amo, 1990).
- *El gliptodonte* (Jaime Siles, 1990).
- *Cuentos por palabras* (Agustín Fernández, 1991).
- *Memorias de una vaca* (Bernardo Atxaga, 1992).
- *Celia, lo que dice* (Elena Fortún, 1993).
- *La expedición del Pacífico* (Marilar Alexandre, 1994).
- *¡Canalla, traidor, morirás!* (J. A. Cañizo, 1994).
- *Bestiolari de la Clara* (Miquel Desclot, 1994).
- *Manolito Gafotas* (Elvira Lindo, 1994).
- *Cuando de noche llaman a la puerta* (Xavier P. Docampo, 1994).
- *Poemas para la pupila* (J. Cruz Igerabide, 1995).
- *Lili, Libertad* (Gonzalo Moure Trenor, 1996).
- *Los zapatitos de Murano* (Miguel À. Pacheco, 1996).
- *Cuando los gatos se sienten solos* (Mariasun Landa, 1997).
- *El misterio Velázquez* (Eliacer Cansino, 1998).
- *La casa de cristal del señor Clin* (Gloria Sánchez, 1999).

También fueron seleccionados los libros destinados a los más pequeños (libros ilustrados con más o menos presencia de texto):

- *El ninot de paper/El muñeco de papel* (Mercè Llimona, 1942).
- *La casa que creció* (M. A. Pacheco/J. L. García,1976).
- *Cuento de El cine* (J. R. Sánchez/J. L. García, 1976).
- *¿Quién ha visto las tijeras?* (F. Krahn, 1976).
- *El niño que tenía dos ojos* (U. Wensell/L. G. Sánchez/M. A. Pacheco, 1978).
- *Munia y la luna* (A. Balzola, 1982).
- *La lluna d'en Joan/La luna de Juan* (C. Solé,1982).
- *La serp, el riu* (M. Boix/J. Palacios, 1983).
- *El pirata honrado* (J. Ballesta/J. A. Goytisolo, 1984).
- *La vuelta al mundo* (J. R. Alonso/J. Villafañé, 1986).
- *La Nana Brunilda menja malsons /La Nana Brunilda come pesadillas* (A. Asensio/M. Company, 1986).

- *La ciudad de la lluvia* (J. C. Eguillor, 1986).
- *Fira de tresors/Feria de tesoros* (Joma, 1987).
- *El valle de la niebla* (A. Lobato, 1987).
- *El muro* (A. Esteban, 1989).
- *El llibre de les M'Alícies/El libro de las M'Alicias* (M. Calatayud/M. Obiols, 1990).
- *Voces en la laguna/As voces na lagoa do espantallo* (X. López, 1990).
- *El guardián del olvido* (A. Ruano/M. Gisbert, 1990).
- *Cuando Lia dibujó el mundo* (V. Escrivá, 1991).
- *El gigante y el león del Atlas* (J. Gabán, 1991).
- *Leopold. La conquista del aire* (F. Meléndez, 1991).
- *La boca riallera/ La boca risueña* (A. Ballester/M. Ginesta, 1992).
- *Guia de gegants i altres éssers extraordinaris/Guía de gigantes y otros seres extraordinarios* (M. Ginesta, 1992).
- *El temible Safrech* (J. Serrano/R. Alcántara,1992).
- *Mateo y los Reyes Magos* (A. Urdiales/F. Alonso, 1995).
- *El regal/El regalo* (P. Montserrat/G. Keselmn, 1996).
- *Gat i gos/Perro y gato* (Gusti/R. Alcántara, 1998).
- *Ioshi i la pluja/ Yoshi y la lluvia* (Max/M. Canela, 1999).

Debemos felicitarnos, pues, de disponer de una enorme variedad y calidad de libros para poder presentar a nuestros alumnos y que puedan disfrutar y formarse con ellos.

En cuanto a los libros y materiales que los niños con necesidades educativas deben emplear, hay que decir que, a excepción de los escritos en Braille para los niños ciegos, algunos con el lenguaje de los signos para los niños sordos, y algunos otros con sistemas alternativos/aumentativos de comunicación especialmente para niños con deficiencias físicas graves, los libros suelen ser los mismos que los utilizados por sus compañeros sin hándicap. Si bien en ocasiones habrá que seleccionarlos o modificarlos para adecuarlos a sus necesidades específicas.

Actualmente, aunque algunos libros estén destinados a niños con hándicap utilizando su sistema específico de comunicación (Braille, lenguaje de signos, etc.), se procura que en dichos libros también exista el texto escrito para que pueda ser leído por todos sus compañeros y puedan así compartir el mismo material. A este mismo fin, también se cuida el aspecto formal del libro específico para que resulte atractivo para los compañeros del alumno con hándicap, así existen libros destinados especialmente para niños ciegos de una gran belleza y colorido y con gran profusión de ilustraciones.

Por otra parte hay que hacer notar que, aunque hay libros que por sus características son especialmente indicados para los niños con un determinado hándicap o problema, pueden también ser trabajados con gran provecho por otros niños con otros hándicaps o dificultades, o incluso que no padezcan ningún problema. Así por ejemplo, piénsese en los libros ilustrados y fáciles de leer que pueden ser muy adecuados para alumnos con retraso mental, dificultades de aprendizaje, niños sordos y todos aquellos alumnos que necesiten empezar por un material de lectura sencillo y atractivo. O también en los libros con grandes caracteres que son útiles para los niños ambliopes, para los niños con deficiencias físicas que al no poderlo sostener precisan leerlo a cierta distancia, y también para aquellos niños de aula ordinaria que empiecen su aprendizaje lector o tengan ciertos problemas de lectura.

5

Los alumnos con discapacidades visuales: los alumnos ciegos

Un niño ciego es aquel que no consigue con ninguno de los ojos alcanzar un décimo ($^1/_{10}$) de la escala Wecker; que no puede contar los dedos de la mano a un metro de distancia con corrección de cristales y cuya ceguera es incurable. (Clemente y otros, 1979.)

La fracción $^1/_{10}$ hace referencia a que un objeto visto por el ojo normal a una distancia de 10 metros, sólo es visto a una distancia de 1 metro.

El pronóstico del alumno ciego puede variar dependiendo, entre otros muchos factores, del grado de visión residual que posea. Barraga (1983), atendiendo a este último factor, establece las siguientes categorías entre los sujetos ciegos:

1. *Ciegos.* Niños que sólo tienen percepción de luz, sin proyección, o aquellos que carecen totalmente de visión. Desde el punto de vista educacional, se considera ciego a aquel niño que aprende mediante el sistema Braille y no puede utilizar su visión para adquirir ningún conocimiento, aunque la percepción de la luz pueda ayudarle para sus movimientos y orientación.
2. *Ciegos parciales.* Niños que mantienen unas posibilidades visuales mayores, tales como: capacidad de percepción de la luz, percepción de bultos y contornos, algunos matices de color, etc.

Evidentemente, este último grupo, al poseer unos restos visuales mayores, tendrá un pronóstico más favorable ya que el profesor podrá servirse de su visión residual para su educación y, así, el conocimiento del mundo por parte del alumno no será tan limitado.

No obstante, cuando el profesional de la educación se enfrenta a la tarea de educar a los niños ciegos, debe saber que la ceguera conlleva que el alumno esté limitado en tres campos fundamentales:

– Restricciones en la cantidad y cualidad de experiencias.
– Restricciones en la habilidad para moverse en el entorno.
– Limitación en el conocimiento y control del mundo que lo rodea.

Estas limitaciones harán que el desarrollo de su personalidad y la formación de sus estructuras cognitivas siga una proceso específico distinto del que realiza un niño vidente, aunque se puede afirmar que no existe una psicología «especial» del ciego cualitativamente distinta de la del vidente.

Lo que sí serán «especiales» serán los sistemas y metodologías utilizados para la enseñanza del niño ciego. Así, en general, para su completa integración escolar, será necesario que el profesor realice:

1. Las pertinentes adaptaciones curriculares:

   a) Utilización de metodologías y aspectos didácticos que se basen en la atención a los canales de recepción y comunicación que utiliza el alumno, potenciando las experiencia táctiles y dando el apoyo verbal necesario;
   b) Priorizar o modificar objetivos y contenidos: seleccionar aquellos a los que se pueda acceder por el tacto sobre aquellos con referencias exclusivamente visuales.
   c) Modificar o sustituir los objetivos y actividades con carga visual por su equivalente en términos táctiles, siempre que sea posible.

2. Las adaptaciones necesarias que permitan al alumno acceder al currículum (provisión de medios y aspectos organizativos y espaciales que le permitan desplazarse y trabajar con la máxima independencia y seguridad).

Respecto a la provisión de medios, señalar el material específico que suele precisar un alumno invidente en el aula. (Checa *et al,* 2000; Álvarez *et al,* 2000.)

– Máquina PerKins (primeros cursos).
– Material tiflotecnológico aconsejado (cursos superiores).
– Magnetófono de cuatro pistas.
– Calculadoras parlantes.
– Lectores ópticos.
– Libros de texto transcritos al sistema Braille.
– Instrumentos de dibujo: regla, compás…
– Equipo de dibujo de líneas en relieve (Sewell), plantillas de dibujo positivo, tablero de dibujo negativo o geoplano.
– Regletas, pautas, punzones, papel especial.
– Ábaco
– Caja de aritmética, cubaritmo.
– Material de apoyo (mapas, maquetas, atlas, gráficos…) adaptado a sus sistemas de percepción, principalmente táctil.
– Material específico existente para actividades concretas: reglas adaptadas, compás, goniómetro, balones sonoros, relojes, material de laboratorio, ajedrez, dominó...

(En la página web de la ONCE (http://www.once.es) puede encontrarse una relación más detallada de recursos didácticos específicos de uso general, según las distintas áreas curriculares.)

En la actualidad, los avances científicos y las nuevas tecnologías permiten cada vez más que las personas ciegas tengan mayor acceso a la información, a la comunicación y a la cultura, facilitando así su integración. Entre otros adelantos, cabe citar siguiendo a Bueno *et al,* 2000, los siguientes:

1. Los sistemas portátiles de almacenamiento y procesamiento de la información que, como el **Braille Hablado** o el **PC- Hablado**, pueden ser utilizados por cualquier alumno o alumna con ceguera que domine el sistema Braille, independientemente del nivel educativo en que esté. El Braille Hablado es un sistema portátil de almacenamiento y proceso de información cuya entrada de datos se realiza mediante un teclado Braille de 6 puntos y un espaciador, y su salida se produce a través de un sistema de voz en español. El PC-Hablado

es un ordenador compatible IBM-XT portátil, con teclado Braille de ocho puntos, que permite la edición de textos y la gestión de actividades de tipo agenda electrónica. Puede ser utilizado por el usuario como una síntesis de voz en español.

2. Las impresoras Braille, que conectadas a un ordenador u otro dispositivo específico (Braille Hablado, PC-Hablado, etc.), permiten imprimir la información en el sistema Braille. La más utilizada es la **Impresora Personal Portathiel**.

3. Los aparatos de reproducción y grabación. Destacar el **libro digital adaptado** y las **líneas Braille** que son periféricos de ordenador capaces de reproducir en Braille la información que aparece en la pantalla de un PC.

4. Las **síntesis de voz** que son adaptaciones diseñadas específicamente para trabajar con ordenadores. Tienen por objetivo el acceso a la información de la pantalla del PC mediante un dispositivo que traduce a voz los textos que aparecen en la misma. Cabe destacar el **Cibcr 232-P** y el **Programa Habla**.

5. El reconocimiento óptico de caracteres (O.C.R.) o el reconocimiento inteligente de caracteres (O.I.R.) son programas capaces de interpretar y reconocer la digitalización de un documento realizada por escáner, presentándola en un periférico (pantalla, impresora, síntesis de voz, línea Braille, etc). Destacar el **Sistema de lectura Galileo**: un equipo compacto de lectura formado por un escáner, un programa de O.C.R. y un sistema de voz en español y el **Reading-Edge**: una máquina lectora completamente integrada e independiente que combina una avanzada síntesis de voz, el reconocimiento inteligente de caracteres y un escáner en un solo elemento.

6. Las traductoras y diccionarios parlantes son instrumentos electrónicos, portátiles, que permiten la traducción bidireccional entre los idiomas inglés y español, como el *Diccionario Berlitz*, el *Diccionario parlante inglés Franklin* y el *Programa DILE*. Destacar también el *Diccionario para Invidentes de la Real Academia Española* (DIRAE) y el *Diccionario Automático Bilingüe para invidentes* (DABIN).

Todo ello permite que los invidentes puedan tener el mismo acceso a las revistas, periódicos, libros y documentos que el resto de los ciudadanos, no obstante el sistema Braille, hoy por hoy, sigue siendo el principal instrumento de lectura y escritura utilizado.

El sistema Braille y la enseñanza de la lectura

El sistema Braille fue creado, a los 16 años, por Louis Braille (1809-1852), invidente francés desde los tres años a consecuencia de un accidente. Fue alumno y profesor del Instituto de ciegos de París y, a pesar de demostrar la valía del sistema que lleva su nombre, no fue hasta el año 1918 que se lo declaró método oficial para la lectura y escritura de los ciegos. El sistema fue introducido en España en el año 1840 por Jaime Bruno Berenguer, profesor de la Escuela Municipal de Ciegos de Barcelona.

El sistema Braille básico está compuesto por 63 signos, que resultan de la combinación de seis puntos en relieve, dispuestos en 2 columnas verticales y paralelas, de 3 puntos.

Al signo formado por los seis puntos, se lo denomina signo universal del sistema, signo generador o cajetín completo. El cajetín vacío se utiliza para separar las palabras.

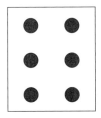

Su tamaño normal forma un rectángulo vertical de 2,5 mm de base y 5 mm de altura. En otros países se utilizan signos menores, con lo que podemos encontrarnos que la distancia entre dos columnas y entre dos puntos de una misma columna oscile entre 1,8 y 2,5 mm.

Cada letra del alfabeto se representa, en Braille, por la reunión de 1 a 6 puntos. Las puntuaciones, las cifras, los signos de las anotaciones matemáticas, químicas, físicas, musicales, también están codificadas en este sistema.

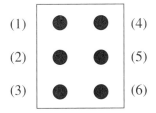

Para nombrarlos, los puntos Braille se numeran del 1 al 6. El punto 1 se halla arriba a la izquierda; el punto 2, en medio y a la izquierda; el punto 3, abajo a la izquierda; el punto 4, arriba a la derecha; el punto 5, en medio a la derecha; el punto 6, abajo a la derecha.

Cada letra ocupa una celdilla, diferenciándose de las demás por el número y posición de los puntos que la constituyen.

Para evitar los problemas que presenta el Braille en cuanto al volumen de los textos que en él se escriben y a la poca velocidad de lectura que se puede alcanzar, se ha ideado un sistema de abreviaturas para ahorrar espacio. En España, dicho sistema abreviado se denomina estenografía y al contrario de los países anglosajones sólo es utilizado por los ciegos españoles cuando ya tienen un buen dominio de la lecto-escritura no abreviada, aunque no está muy extendido. También con el fin de adaptarse a las nuevas tecnologías, se emplea un Braille computerizado o Braille de ocho puntos.

Dominar el sistema Braille (figura 12) no es tarea fácil ya que su aprendizaje no está exento de ciertas dificultades:

1. Las letras Braille están formadas por configuraciones de puntos y, si no se detectan bien todos los puntos o su situación correcta, a menudo se originan errores (p. ej.: *p/r; u/v*).
2. Una misma disposición de puntos puede corresponder a signos muy diferentes (p. ej.: *f* y signo de admiración).
3. Para signos muy parecidos (letras acentuadas *a/á*), la disposición de puntos es muy diferente.
4. Algunas letras pueden causar confusiones espaciales: *e/i; h/j; f/d*.
5. Resulta difícil captar globalmente la estructura de un texto y localizar puntos de referencia.
6. Tanto por la constitución del sistema como por las restricciones del sistema de recogida de información, comporta lentitud en la lectura.
7. Los libros Braille, a causa de su gran volumen, no son fáciles de utilizar ni de transportar.
8. Con el tiempo, los puntos que forman las letras se deterioran. (Simón, 1994.)

El éxito o fracaso lector estará condicionado por los siguientes factores:

- Cantidad de estímulos lectores que reciba el sujeto.
- Edad de comienzo de los aprendizajes lectores.
- Grado de desarrollo de las destrezas previas.
- Grado de madurez del alumno.
- Apoyos que reciba del entorno familiar, escolar y social.
- Metodología utilizada. (Villalba, 2000.)

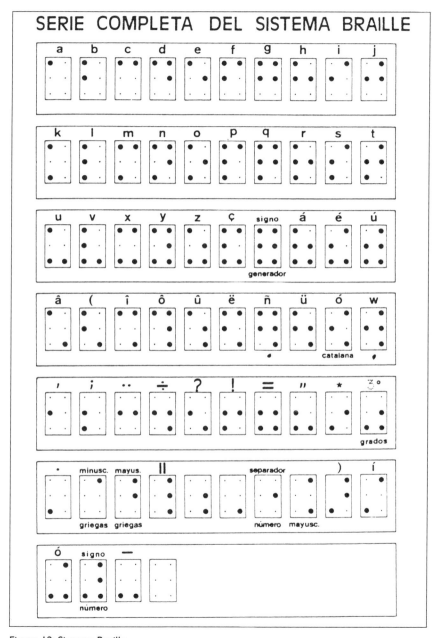

Figura 12: Sistema Braille

51

En las etapas iniciales de la enseñanza del Braille es necesario conseguir que el niño posea una buena organización espacial y un tacto entrenado; para ello, los primeros ejercicios que deberá realizar comprenderán:

1. *Examen táctil de volúmenes*: el niño tendrá que reconocer principalmente cubos y esferas cada vez más pequeños, para terminar con el ensartamiento de cuentas cúbicas y esféricas con numerosas posibilidades de disposición.
2. *Examen de superficies*: el niño deberá tocar y nombrar principalmente cuadrados y círculos cada vez más pequeños hechos de distintos materiales (fieltro, papel, plástico...) pegados sobre hojas de papel. Se termina con líneas de puntos, presentando luego dibujos muy simples compuestos por puntos. El niño puede colocar palitos en una plancha perforada y realizar combinaciones.
3. *En una plancha perforada*, en la que se han delimitado grupos de 6 alvéolos, se hacen colocar cubos en cada alvéolo, y se puede utilizar el «cubaritmo». Con ello, sc puede iniciar el aprendizaje sistemático de las letras ya que cada cubo representa un punto Braille.
4. *Gimnasia del Braille*. El hombro, la cadera y la rodilla izquierdos representan los puntos 1, 2, 3; el hombro, la cadera y la rodilla derechos, los puntos 4, 5, 6. Se aprenden las letras llevando las manos a las partes del cuerpo que corresponden a las letras del Braille. (Herren y Guillemet, 1982.)

Por su parte, Martín-Blas (2000) considera que los aspectos que el alumno invidente debe poseer al finalizar la prelectura y preescritura Braille para conseguir acceder con éxito al sistema, son:

1. *Conceptos espaciales básicos*. Cada uno de los grafemas Braille representa una distribución de puntos en un espacio concreto en el que los conceptos-clave se refieren a ubicaciones espaciales: arriba, abajo, izquierda, derecha, en medio, antes de, después de...
2. *Establecimiento de relaciones espaciales*: entre las partes de su cuerpo, entre su cuerpo y los demás objetos, entre los objetos...
3. *Nociones de cantidad relacionadas con*: más que, menos que, lleno, vacío, mucho, poco...
4. *Comparaciones diversas:* semejanza/desemejanza de formas y tamaños, de texturas y rugosidades, de peso, de grosores, de temperaturas...

5. *Ejercicios básicos de coordinación motriz* para: seguimiento de líneas continuas y discontinuas, en todas las direcciones; discriminación de puntos en papel; localización de puntos en una estructura determinada; etc.
6. *Habilidades básicas de encajes y ensamble.*
7. *Técnicas elementales de presión y prensión* de las manos en diversos objetos.
8. *Destrezas básicas para el picado.*

Para la enseñanza de los signos Braille, se suelen perseguir los siguientes objetivos (Espejo, 1993):

1. *Conocimiento de una estructura formada por dos filas de tres elementos cada una (tres parejas de puntos alineados verticalmente):*

2. *Localización espacial de cada uno de los seis puntos:*

   a) Primer punto ARRIBA/EN MEDIO/ABAJO
   b) Segundo punto ARRIBA/EN MEDIO/ABAJO
   c) Tercer punto ARRIBA/EN MEDIO/ABAJO

   Si el alumno conoce los conceptos de izquierda y derecha deberá aprender a localizar:

   a) primer punto A LA DERECHA/IZQUIERDA
   b) segundo punto A LA DERECHA/IZQUIERDA
   c) tercer punto A LA DERECHA/IZQUIERDA

3. *Identificación de cada punto con un número, del 1 al 6:*

   ① ④
   ② ⑤
   ③ ⑥

Cuando el niño ya conoce los signos Braille, da comienzo la enseñanza sistemática de la lectura en Braille mediante unas técnicas específicas que Herranz y Rodríguez (1986) sintetizan en los siguientes principios, independientemente del método que se utilice:

1. El libro se coloca horizontalmente, paralelo al borde de la mesa en la que trabaja el alumno.
2. Aunque podría leerse con cualquiera de los dedos e incluso con más de uno a la vez, como se intenta conseguir en los métodos de lectura rápida, la lectura más fácil es la que se realiza con los dedos índices de ambas manos.
3. Se colocan los dedos índices sobre el renglón, con los pulgares separados y los restantes ligeramente curvados.
4. Para hacer la lectura más rápida, debe leerse con las dos manos a la vez.
5. El primer renglón se inicia con los dedos índices juntos. Al llegar hacia la mitad de la línea, la mano izquierda retrocede para buscar la línea siguiente, mientras con la derecha se termina la línea que se está leyendo y retrocede para unirse a la izquierda que ya ha iniciado el siguiente renglón. Se produce así un movimiento de vaivén que debe ser lo más rápido posible.
6. La presión de los dedos sobre las letras debe ser mínima. Está comprobado que la mayor presión no favorece el tacto.
7. Deben evitarse los movimientos de fregado, que consisten en palpar, ya sea vertical u horizontalmente, la misma letra o grupo de letras.
8. Deben evitarse, igualmente, los movimientos de retroceso para asegurarse de lo leído y fomentar la seguridad en la primera percepción.

A pesar de la superioridad demostrada por estas técnicas, diversos estudios demuestran que no existe una total generalización en su empleo; Lorimer (*ápud* Hampshire, 1981) ha resumido las conclusiones a las que se ha llegado en aquellos estudios:

1. Un número relativamente pequeño de niños sabe utilizar ambas manos independientemente la una de la otra, pero en general se trata de lectores óptimos.
2. La mayoría utiliza en gran parte, o totalmente, una sola mano para palpar los caracteres de Braille, y más la derecha que la izquierda.

3. Los niños que utilizan principalmente la mano izquierda son algo más numerosos entre los lectores más deficientes.

4. No parece haber una conexión evidente entre la preferencia por una mano u otra en la lectura y la destreza manual en otras actividades.

Antes de terminar este apartado deben recordar que la finalidad de la lectura no es sólo que el niño «conozca» las palabras sino que las comprenda, así evitaremos el verbalismo del niño ciego (tendencia a referirse a las cosas sin saber lo que son).

Libros en Braille

Son libros creados especialmente para niños y niñas ciegos ya que éstos no pueden acceder a los textos e ilustraciones de los libros corrientes.

Sin embargo se pretende evitar que el alumno ciego se sienta diferente por el hecho de utilizar material específico y para ello se intenta que tanto los alumnos invidentes como los videntes utilicen los mismos bonitos libros que hay en la biblioteca del aula, para impulsar, además, la interacción entre ellos.

Para lograrlo, el profesor puede utilizar libros corrientes a los que, una vez desgrapados, se les añade el texto en Braille ya que, normalmente, en los libros para niños, el texto es muy breve y cabe la transcripción en la misma página.

En caso contrario, se puede grabar una lámina transparente de plástico que se intercala entre las páginas.

También se puede potenciar la interacción entre los alumnos mediante los libros de presentación visual y táctil combinadas, cuya producción últimamente se ha visto muy incrementada. Este tipo de libros, además, facilita la lectura y la comprensión del texto de todos los pequeños lectores.

Los libros escritos en Braille para niños pequeños son, en principio, de un formato reducido para que no se asusten; más adelante se les entregarán los libros más grandes.

Respecto a los libros de texto en Braille, hay que decir que tienen idéntico contenido que los de sus compañeros videntes ya que se realiza una transcripción literal de tinta a Braille, aunque son mucho más voluminosos debido a las características de este sistema: tamaño del cajetín (rectángulo vertical de 2,5 por 5 mm), distancia entre signos (3 mm), separación entre líneas (5 mm), número de líneas (29 líneas de 40 caracteres), etc. Un libro en Braille puede triplicar o cuadruplicar la extensión del mismo texto escrito en tinta (figura 13).

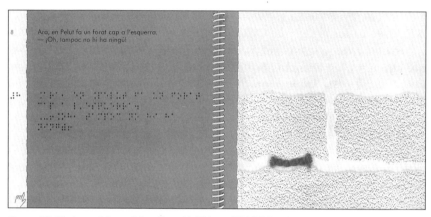

Figura 13: *El viatge del cuc Pelut*, Griselda Tubau, ONCE Fundació La Caixa

Los libros en Braille pueden estar escritos por una sola cara o por las dos caras, sistema denominado interpunto (para alumnos de ciclos superiores).

El cuerpo de texto de su estructura sigue habitualmente unas mismas pautas. De las 29 líneas o renglones habituales que contiene cada página se reservan la primera y la última para datos de la edición Braille.

1. *Primera línea.* Se reserva para la paginación. Puesto que la página del libro en tinta no va a coincidir con la de su transcripción Braille, sistemáticamente se van a presentar ambos datos de paginación.

   La paginación correlativa del volumen Braille aparece alineada a la derecha, figurando a su izquierda el número de página correspondiente del libro en tinta. En general, estos datos suelen presentarse exclusivamente en las páginas impares.

2. *Líneas de texto.* El texto se extiende a lo largo de las 27 líneas siguientes. La estructura básica del Braille presenta las siguientes características:

   a) Alineación. Sistemáticamente los títulos y los párrafos se alinean a la izquierda, favoreciendo el reconocimiento espacial de la página que se realiza de izquierda a derecha y de arriba abajo.

b) Tabulación y sangrías. En la tabulación inicial de cada párrafo, siempre se emplean dos caracteres en blanco.

3. *Última línea o pie de página*. Este último renglón alineado a la derecha ofrece los datos de catalogación del libro Braille. (Durán, 2000.)

El hecho de que el sistema de numeración de las páginas sea doble —la que corresponde al propio libro en Braille y la que corresponde al libro en tinta que usan sus compañeros videntes— tiene como finalidad que el alumno ciego pueda seguir las instrucciones del profesor cuando pide abrir el libro por una determinada página o cuando aquél precisa coordinarse con sus compañeros videntes.

Por lo general, en los libros en Braille escasean las ilustraciones, fotografías, gráficos…, pero cuando son necesarios para la comprensión del texto, se describen con palabras o se presentan en relieve.

Para algunos autores, las ilustraciones no son indispensables para que el lector pueda comprender el texto. Por otra parte, su comprensión, en general, resulta difícil y compleja para el niño o niña invidente.

Para Hampshire (1981), antes de tomar la decisión de representar en relieve una figura, es preciso responder a las siguientes cuestiones:

1. ¿Es posible renunciar totalmente a la figura?
2. ¿La información que contiene ese diagrama se puede describir en vez de ello en el texto?
3. ¿La persona que va a recibir el libro tiene alguien (por ejemplo, un profesor) que pueda explicarle y describirle la figura?
4. ¿Es posible convertir el diagrama en una forma en relieve que sea legible?
5. ¿Se dispone del tiempo, el personal y los recursos necesarios para producir una figura en relieve?

Para ese mismo autor, como principio general, se puede prescindir de las figuras icónicas (ilustraciones que indican el aspecto de una cosa) siempre que no contengan una información necesaria para realizar ejercicios, e incluir de algún modo las figuras analógicas (ilustraciones que tienen un aspecto o dimensión de un determinado fenómeno: diagramas, mapas...) y las simbólicas (ilustraciones de las relaciones de un fenómeno u objeto con otro fenómeno o con otro objeto: organigramas, ordinogramas...).

Libros táctiles

Las manos del niño ciego desempeñan un papel primordial: le permiten conocer, reconocer, diferenciar, orientarse... Esto le aporta nuevos datos y le da seguridad.

El niño tiene que aprender a tocar a través de una exploración dirigida, actividad que precisa de un entrenamiento. Para ello, es necesario dotar al niño de abundante material de muy variadas características: diversas texturas, consistencias, temperaturas, tamaños, ruidos... y permitirle explorarlo.

Los padres o profesionales no sólo deberán permitir que el niño experimente tocando sino que deben crear situaciones para que lo haga, sin obligarlo a ello y así evitar situaciones de rechazo.

La estimulación táctil debe comenzar muy pronto ya que si el niño ciego no está acostumbrado a recibir las diferentes impresiones que le proporcionan los distintos materiales, puede rechazar o sentir miedo ante la presencia de objetos nuevos, lo que limitaría enormemente su campo experiencial. Así, el material manipulativo, importante para cualquier alumno, en el caso del alumno invidente se convierte en imprescindible, siendo uno de los instrumentos privilegiados para realizar dicha actividad manipulativa, el libro táctil o en relieve.

Los libros en relieve permiten que el niño, mediante la yema de los dedos, pueda entrar en contacto con las ilustraciones, lo que posibilita al niño ciego acercarse al mundo de los cuentos mucho antes de empezar su etapa escolar e incluso antes de saber hablar. Por eso, muchos profesores y padres recortan y pegan ilustraciones o confeccionan ilustraciones en relieve para que el niño pueda tocarlas: convierten libros corrientes en libros táctiles.

El problema está en que los niños ciegos, por su forma específica de mirar con manos, pueden ser inexpertos en interpretar estas ilustraciones al no haber interiorizado todavía los conceptos que están implícitos en dichas imágenes ni superado la barrera que supone pasar de la tridimensionalidad a la bidimensionalidad. De ahí, que la simple adaptación en relieve de las ilustraciones de los libros puede resultar insuficiente.

A este respecto, Tubau (1990) resalta la importancia de proponer formas muy sencillas, reconocibles táctilmente, que no estén demasiado cargadas de información, que no sean, en definitiva, reproducciones de la realidad sino más bien objetos reales que no necesiten de una asociación con su referente visual para funcionar como significativos. Objetos concretos que serán aquello que entre adulto y niño sea negociado, y que tendrán valor en función del espacio que ocupen dentro del texto, dentro del propio cuento.

El profesorado también puede tener en cuenta algunas premisas para la correcta elaboración de materiales en relieve:

- Simplicidad.
- Consistencia.
- Eliminación del riesgo en la manipulación.
- Tratamiento idóneo de los relieves.
- Clarificación de las distintas texturas utilizadas.
- Utilización de la simbología apropiada.
- Posibilidad de reproducción o de recuperación.
- Que sea atractivo y motivador. (García *et al*, 1996.)

Evidenciar la dificultad que tiene el conseguir que el lector invidente relacione las texturas que se emplean en los libros táctiles con la simbolización que, con tales materiales, se pretende dar; para ello, hay autores que han propuesto un código general de simbolizaciones o representaciones (esquema 3):

CÓDIGO GENERAL DE SIMBOLIZACIONES O REPRESENTACIONES	
MATERIAL	**SIMBOLIZACIÓN**
plástico	agua, cristal, luna, fruta...
corcho (caliente)	corteza terrestre
lija (caliente)	fuego, sol
airon-fix (dulce)	vegetación
guata (vaporosa)	nubes, humo
plástico moldeado	utilidades diversas
contraplacado	objetos de madera
cartones y cartulinas	utilidades diversas
tela	vestidos
cartulina plateada	espejo, metal
plancha de goma	neumáticos
lámina de caucho	carnosidad
cintas, cordones y similares	diversos usos
espuma	rellenos blandos
pinturas con relieve	pegajosos
peluche	piloso
accesorios diversos	ojos, hocicos, bigotes...
polipiel	objetos de piel (zapatos, maletas...)

Esquema 3: Código de representaciones

No debemos olvidar, como nos señalan Miñambres, *et al* (1996), que hay que elegir las texturas que resulten más agradables al tacto y sean a la vez las más significativas para el mundo del ciego, por lo que la participación del niño ciego en la adaptación de sus libros y cuentos resulta imprescindible.

A la hora de seleccionar el abundante material disponible para confeccionar un libro en relieve, sólo se deben evitar:

– Los materiales difíciles de recortar y de escasa maleabilidad, por su excesiva dureza o resistencia.
– Los materiales de difícil adherencia.
– Los materiales de toxicidad manifiesta o probable.

También un buen procedimiento metodológico, para facilitar la lectura de los libros táctiles, es incluir al principio del libro los personajes que intervienen en la historia. El alumno los explora con los dedos y el profesor hace una descripción verbal; con ello se consigue dar mayor fluidez a la narración al no tener el niño que perder tiempo en reconocer al personaje. Unas orientaciones sobre cómo debe «tocar» también facilitará la captación de la ilustración: el profesor explicará brevemente la estructura del dibujo, las partes de que consta, así como el punto de partida y los pasos a seguir para la acción de tocar.

En general, estas ilustraciones en relieve suelen ser figurativas pero actualmente influidos por el libro *¿Cómo puedo hacer lo que no puedo ver?* del japonés Shiro Fukurai (según este autor, el artista debe aprender a utilizar los propios símbolos del niño ciego, en lugar de imponerle los suyos), otros autores han confeccionado libros donde los protagonistas principales no son figurativos sino que pueden estar representados por un círculo, cuadrado, rectángulo... Con ello también se consigue facilitar la lectura y la comprensión del niño o niña invidente.

Existen varias formas de convertir ilustraciones en relieve; siguiendo a Hampshire (1981), describiremos los seis métodos más utilizados:

1. *Rueda dentada*. Instrumento muy útil para producir diagramas lineales simples y que consiste en una rueda que graba puntos en toda su circunferencia. Al recorrer con esta rueda el dorso del papel, queda grabado en el anverso una línea de puntos en relieve. Empleando diversas formas de dientes de la rueda, se consigue producir una gran variedad de líneas de puntos.

2. *Trazadores en relieve resaltado.* Con limitaciones de producción similares a la rueda dentada, esta técnica consiste en dibujar con un punzón sobre una lámina de plástico especial; el movimiento del punzón sobre el plástico permite producir una línea en relieve resaltada en ese plástico.

3. *Trazadores de figuras.* Son unas máquinas basadas en el sistema del estilete que sigue el contorno de la figura que se quiere producir en relieve. El estilete se mueve libremente en cualquier dirección. Debajo de él, y conectado por medio de un brazo, hay una aguja de grabar cuyo movimiento queda dirigido siempre por el estilete. Durante ese movimiento, la aguja graba en relieve una línea de puntos.

4. *Moldeado en el vacío.* Es el método más utilizado. Presupone la creación de una matriz de papel utilizando cartón, alambres, lija, etc., que luego se moldea al vacío. Se escogen los materiales que componen la matriz para dar forma y textura al plástico moldeado al vacío (figura 14).

Figura 14: *La grotte au bois,* Olivier Poncer, Ed. Laurence Olivier Four

5. *Fotograbado.* Consiste en el fotograbado de una placa de plástico sensible a la luz, unida en forma permanente a una base metálica por medio de una capa adhesiva. Cuando esta placa recibe los rayos ultravioleta, el plástico se polimeriza, es decir, todas las partes que han estado en contacto con la luz se oscurecen y se vuelven insolubles. Las demás partes de la placa pueden quitarse con un disolvente. Con ello se consigue crear cualquier dibujo en relieve en la placa cubriéndolo con una transparencia fotográfica y, por consiguiente, poniendo en contacto con la luz únicamente las partes que han de salir en relieve.

6. *Estarcido.* Consiste en utilizar una pasta especial de espuma que se hincha al calentarse. Con el sistema normal de estarcido se aplica la tinta al papel. Mediante un procedimiento específico se logra que la tinta se hinche y así se obtiene un relieve. Se pueden conseguir diferentes relieves mediante impresiones sucesivas; también existen diversas posibilidades de color.

Hay muy pocos libros en relieve comercializados en España; esto no significa que los profesionales no utilicen este tipo de libros, sino que son creados por ellos mismos debido al alto coste que supone su edición. Es interesante señalar los editados por el Centre Psicopedagògic per a l'Educació del Deficient Sensorial (CPEDS) que ha creado unos cuentos pensados para niños invidentes hasta seis años; en ellos plantean historias a partir de imágenes táctiles que contemplan la especificidad perceptiva y representativa del niño ciego. En un principio se desestima la simple adaptación en relieve de las imágenes visuales, sirviéndose de diferentes materiales, texturas y formas simbólicas (clips, trozos de lana, botones...) y con una distribución en el espacio se informa táctilmente al niño invidente, quien incorpora estas imágenes a partir de sus esquemas sensoriomotrices. Algunos títulos de esta colección publicados por la editorial Fundació Caixa de Pensions/Once son:

– *El viaje de Peludito* o *El viatge del cuc Pelut.*
– *Vamos al parque* o *Anem al parc.*
– *Pincho y Pancho* o *En Pinxo i en Panxo.*

Los textos que acompañan las imágenes táctiles están escritos a tinta y en Braille, lo que es de una gran ayuda para los profesionales. Por otra parte, el atractivo de dicho material lo hace indicado para ser utilizado por el niño vidente e invidente conjuntamente, lo que como hemos comentado facilita el proceso de socialización e integración del niño ciego.

En esta misma línea se encuentran los siguientes cuentos de Virginia Allen Jensen editados por el Servicio de Publicaciones del MEC (figura 15):

- *¿Qué es eso?*
- *¡A que no me pillas!*
- *Roly sale a explorar.*

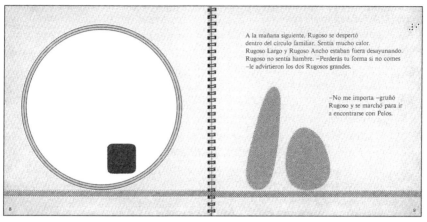

Figura 15: *¡A que no me pillas!,* Virginia Allen Jensen, Servicio de Publicaciones del MEC.

Donde todos los personajes están representados por figuras más o menos geométricas en relieve a través de una tinta a base de caucho. Así, por ejemplo, el personaje de *El pequeño rugoso* está simbolizado por una forma ovalada y con una textura rugosa.

- *Adivina, adivinanza, al hilo de cada página*, publicado por la Unesco.

Por último citar los cuentos ilustrados de la colección Garbí, libros que ya se encontraban en el mercado y se han adaptado para que los alumnos ciegos también pudiesen disfrutar de ellos:

- *La mona de Pascua* o *La Mona*, Maria Àngels Ollé.
- *Rayas* o *Ratlles,* Maria Àngels Ollé.

- *Los tres sabios* o *Els tres savis,* Maria Àngels Ollé.
- *El agujero* o *El forat,* Maria Àngels Ollé.
- *El aprendiz* o *L'aprenent,* Maria Àngels Ollé.
- *La caja* o *La capsa,* Maria Àngels Ollé.
- *El libro* o *El llibre,* Maria Àngels Ollé.
- *La bola,* Enric Larreula (libro en forma de bola. Sólo en catalán.)
- *Endevinalles,* I. Barreda y E. Bellini (sólo en catalán.)

Como se ha dicho, en España son muy pocos los libros táctiles comercializados debidos al alto coste de su edición y a los pocos márgenes comerciales que dejan a los editores. Ante tal escasez, se hace necesario promover una política de producción, siguiendo las siguientes recomendaciones (Varios, 1990):

1. Utilizar elementos naturales para elaborar las ilustraciones táctiles. Cuando ello no sea posible, usar texturas que imiten o sugieran las sensaciones de lo que se quiere representar.
2. Estimular a los maestros, autores y editores para que se esfuercen en encontrar talleres capaces de reproducir a gran escala las ilustraciones confeccionadas manual o artesanalmente, en general limitadas y costosas, así como también para que investiguen las posibilidades de producir otras en serie.
3. Recomendar el empleo del troquelado, tanto para dar forma al libro como para crear ilustraciones en el interior del mismo.
4. Promover el intercambio de másteres y todo tipo de clisés para ilustraciones (sonoras, táctiles o en macrotipos), para su empleo en ediciones de diferentes idiomas. Este intercambio abarata costos y permite que, más allá de cada idioma, los niños disfruten de las mismas ilustraciones.
5. Al seleccionar los textos se debe procurar que el contenido no dependa exclusivamente de la imagen, sino que ilustraciones y palabras se complementen.
6. Se debe tener especial cuidado en el tratamiento de la ilustración, según se trate de libros para niños ciegos o niños de baja visión.
7. Señalar con respecto a las adaptaciones de textos y a las ilustraciones que, en general, hasta ahora, hay soluciones para adaptar o ilustrar textos ya existentes. En el futuro, se recomienda aumentar la creación de textos para ciertas ideas de ilustración y/o adaptación.

El objetivo es proporcionar a los niños invidentes, además de los escritos en Braille, también libros táctiles para poder experimentar con libros de imágenes mediante el tacto de sus dedos, con el fin de estimular su imaginación y ofrecerles nuevas experiencias, además de conseguir que el alumnado invidente alcance una serie de objetivos específicos que no son nada desdeñables:

– Facilitar el desarrollo de la metodología activa.
– Minimizar el «verbalismo».
– Desarrollar el sentido del tacto.
– Dominar el campo espacial.
– Aplicar la psicomotricidad.
– Motivar la adquisición de las imágenes mentales.
– Fomentar el reconocimiento de formas. (García, J. L. *et al* 1996.)

Libros táctiles con elementos «manipulativos»

Señalar también que además de libros con imágenes táctiles, creados a base de materiales y texturas diferentes, el niño ciego necesita que se le ofrezcan libros con elementos manipulativos. Libros que ayuden a que el niño o niña ciegos puedan «jugar» con sus personajes y componentes:

– posibilitando de que los objetos puedan ser trasladados;
– dotando de movilidad a ciertas piezas (agujas de reloj, ruedas…);
– poniendo al lector ante la tentación de despegar infinidad de elementos (árboles, vestidos…).

Y también libros que permitan trabajar otros sentidos (añadiendo perfume en ciertos objetos, insertando una caja musical, etc.). (Pacheco y Barreda, 1994.)

Otras sugerencias que pueden seguirse en cuanto a los recursos expresivos a utilizar son:

1. Combinar el libro Braille con el casete, complementando y motivando la lectura táctil con estímulos sonoros. Aunque el alumno no sepa leer puede ser útil incluir textos Braille para que se vaya familiarizando con este sistema.

2. Complementar las ediciones de libros recreativos, realizadas en formatos tradicionales, con otras en las que se empleen formatos representativos de medios de transporte, objetos cotidianos, animales, etc. Siempre se tendrá en cuenta la edad del niño y los criterios o conceptos centrales del original seleccionado.

3. Seleccionar y adaptar libros que contengan elementos sonoros y/o musicales.

4. Complementar los cuentos adaptados con elementos tridimensionales (muñecos que representen a los personajes). En esta línea hay que destacar el material pedagógico que Miñambres *et al* (1996) han confeccionado bajo el nombre de «maleta mágica». Dicha maleta contiene: dos cuentos adaptados (texturizados) de *Caperucita Roja* y *Los tres cerditos*; todos los personajes y objetos que intervienen significativamente en los cuentos se presentan tridimensionalmente (p. ej.: la abuelita —muñeca de 25 cm de alto en una peana de $7 \times 5 \times 1,5$ cm.)

Libros parlantes

Además de los libros en Braille y táctiles existen los libros parlantes, en los que la lectura está registrada en grabación sonora.

En un principio se solía utilizar la grabación en disco con el menor número posible de revoluciones por minuto para aumentar el rendimiento. Actualmente con el uso del magnetófono, los niños y las niñas ciegos cuentan con muchas más posibilidades para seleccionar sus libros de lectura. Cada disco puede contener, a una velocidad de reproducción de 8 1/3 rpm dos horas de grabación.

Existen tres tipos de sistemas magnéticos (sobre cintas) utilizables por los niños y jóvenes ciegos:

1. Los magnetófonos de casete específicamente diseñados para ciegos.
2. Los magnetófonos de casete estándar.
3. Los magnetófonos de cinta abierta.

En el primero de los casos, cuenta con la posibilidad de registrar un índice sonoro en una pista *ad hoc*. Al rebobinar se escuchan las claves numéricas y alfabéticas con objeto de localizar el fragmento elegido. Una vez que el casete ha terminado, salta automáticamente fuera del aparato. Los casetes tienen una capacidad para 13 horas de lectura de libro hablado.

El sistema que se suele emplear hoy en día es la grabación en casete a cuatro pistas con un total de seis horas de grabación por unidad. Cada libro hablado puede constar de uno o varios casetes dependiendo de la extensión del texto original. La estructura de cada casete está basada, fundamentalmente, en las cuatro pistas de grabación, agrupadas según la siguiente disposición:

– Cara A: pistas 1 y 3.
– Cara B: pistas 2 y 4.

La velocidad normal del libro hablado es de 150-175 palabras por minuto. Con la ayuda de adaptadores especiales conectados al sistema de arrastre del magnetófono, la velocidad del libro hablado puede aumentarse un 20, 40, 60 o un 80 %, aunque a mayor velocidad mayor deformación de la voz grabada, por lo que no es conveniente pasar de 180-210 palabras por minuto.

Además del amplio repertorio de libros hablados, grabados por profesionales, que posee la ONCE y que pone a disposición de educadores y usuarios, el profesor puede confeccionar sus propios libros parlantes, atendiendo a las necesidades y preferencias de sus alumnos, procurando que en la grabación participen más de una persona para evitar la monotonía que puede producir el escuchar una sola voz y guiándose de las pautas que suele seguir un libro hablado realizado por profesionales, y que, según Durán (2000), son:

1. *Datos del libro.* Al inicio de la pista 1 del primer casete se indican los datos principales del libro y los datos del centro productor: autor o autores, título, coordinación, colaboradores, ISBN, *copyright,* depósito legal, editorial e imprenta.
2. *Datos de pista.* Al inicio de cada pista se indica su número y la extensión, página a página, del original en tinta de la lectura que figura en ella.
3. *Lectura del texto.* Se inicia tras los datos del libro y de pista y se realiza correlativamente siguiendo la estructura lógica del original.

También el profesor, al confeccionar un libro hablado, debe tener en cuenta ciertas peculiaridades que este tipo de libro presenta en aras a mejorar la comprensión del oyente y que, según Durán (2000), son:

1. *Paginación.* Se indica el inicio de cada página del libro tinta mediante una lectura del número de página, disminuyendo sensiblemente el tono de voz, y procurando no interrumpir la lectura normal del párrafo.
2. *Jerarquía de títulos.* Las indicaciones de inicio de capítulos y apartados importantes se realizan mediante la incorporación de señales acústicas más o menos largas, dependiendo del orden jerárquico del título. Estos «pitidos», de entre 5 y 15 segundos de duración, se graban mediante un pulsador «index» específico del magnetófono de cuatro pistas y son audibles exclusivamente en proceso de búsqueda rápida. En la lectura normal se perciben solamente las pausas.
3. *Textos resaltados.* Se indica el tipo de resaltado del texto, sea negrita, bastardilla, color, etc. Obviamente, el lector efectuará esta indicación en aquellos casos que lo merezcan, procurando no interrumpir excesivamente la lectura.
4. *Palabras en otros idiomas.* Normalmente se procede a su deletreado, evitando así posibles confusiones en la pronunciación.
5. *Cuadros y esquemas.* Tras un estudio previo, se realiza una descripción somera del cuadro, del tipo de datos que contienen y del orden en que se va a efectuar la lectura. Normalmente se sigue un orden lógico según cada caso, persiguiendo la mayor facilidad para el lector.
6. *Textos científicos.* Presentan una especial dificultad para su lectura y comprensión a través del canal auditivo. La grabación debe ser realizada por un experto que pueda interpretar y explicar la notación, las fórmulas y la distribución espacial que suele ser imprescindible para la correcta interpretación científica. Estas dificultades añadidas exigen un entrenamiento en la comprensión de estos textos que no siempre se llega a conseguir, aconsejando la transcripción Braille como adaptación idónea en este tipo de textos.
7. *Gráficos e ilustraciones.* Tras un previo estudio del texto, se aporta una explicación somera en aquellos casos que pueda resultar interesante para una mejor comprensión del texto. Puede combinarse con las adaptaciones en relieve de aquellas ilustraciones que se consideren necesarias, complementando así la posible explicación del lector.

A veces, a pesar de que el libro se produzca en forma de grabación sonora, será necesario que el profesor añada ciertos «suplementos» producidos en Braille o en relieve para aumentar la comprensión del texto por parte del alumno.

Dado que la finalidad última de la lectura es la comprensión, el profesor, en ocasiones, deberá decidir si ofrece el material lector en Braille o en forma de grabación sonora. Para ello debe saber que la naturaleza compleja y/o fuertemente interrelacionada de ciertas informaciones, el hecho de que en ocasiones el niño ciego necesite leer sólo ciertos capítulos de un libro de texto, releer algún capítulo determinado, acceder rápidamente a un párrafo o que la extensión del libro le impida leerlo ininterrumpidamente, hacen que la utilización del libro en Braille resulte más adecuada.

Así pues, se recomienda utilizar la transcripción de libros al sistema Braille de los libros de consulta y textos escolares, para matemáticas y ciencias en los casos de abundancia de fórmulas y para los libros cuya dificultad de comprensión aconseja la lectura personal por medio del tacto.

En otros casos, fundamentalmente en literatura, se suele utilizar la grabación sonora. Hay que recordar que los libros escritos en Braille ocupan muchas más páginas que el libro corriente así como tienen mayor tamaño y peso.

La ceguera reciente del alumno y la urgencia de la adaptación son también dos condicionantes muy importantes que hay que tener en cuenta para efectuar una adecuada elección. En el primer caso, la falta de maestría del alumno en la lectura Braille harán recomendable la utilización, en un principio, del libro hablado hasta que coja práctica con aquel sistema. También será recomendable la utilización del libro hablado cuando sea necesario disponer de la transcripción de un texto lo más rápidamente posible, ya que en Braille se tarda más. No obstante, serán la naturaleza del texto, la finalidad que se persiga con la lectura y las necesidades del niño ciego los elementos que ha de considerar el profesor a la hora de ofrecer un material de lectura en uno u otro sistema.

Debido a la utilización frecuente que el niño ciego o ambliope van hacer del casete para «leer» sus libros parlantes, es preciso que el profesor enseñe, desde los primeros niveles, a escuchar y a utilizar dicho aparato.

Este tipo de libro puede también utilizarse para conseguir una interacción positiva y reducir las distancias existentes entre el niño invidente y sus compañeros, ya que juntos pueden escuchar, sin ningún tipo de dificultad, las bonitas historias que les son contadas.

Es importante hacer hincapié en que los libros parlantes son adecuados para otros niños con dificultades educativas, fundamentalmente para los impedidos físicos que no pueden sostener un libro y, en general, para todos aquellos que tienen problemas de lectura. (Actualmente existen en el mercado abundantes libros que llevan incorporado el casete reproduciendo las historias que contienen.)

6

Los alumnos con discapacidades visuales: los alumnos ambliopes

El término ambliope (del griego: visión débil) expresa una disminución de la visión que no llega a la ceguera. Quien así es calificado mantiene, pues, un resto de visión utilizable. Considerando que la agudeza visual tiene que sobrepasar la fracción $^1/_3$, queda un margen entre $^1/_3$ y $^1/_{10}$ que es lo que correspondería al niño ambliope. Evidentemente no tendrá el mismo pronóstico un alumno ambliope con un grado de visión que se acerque al que tiene un alumno ciego, que el que se acerque al que posee un alumno sin dificultades visuales.

Actualmente, el concepto de ambliopía designa un síndrome sensoriomotor ocular precoz, provocado por un desarrollo anómalo o interrumpido de la percepción visual durante el período sensitivo. Es una alteración relacionada con la maduración visual, con la calidad de la imagen percibida y la interacción binocular.

Barraga (1983) a efectos educativos clasifica a los ambliopes en dos grupos:

1. *Niños de baja visión.* Niños que mantienen un resto visual que les permite ver objetos a pocos centímetros. No deben ser considerados como ciegos y no se los debe educar como a tales a pesar de que deben aprender a utilizar el sistema táctil para lograr un desempeño mejor según tareas y momentos.

2. *Niños limitados visuales.* Niños que necesitan, debido a sus dificultades para aprender, una iluminación o una presentación de objetos y materiales más adecuadas, bien reduciendo o aumentando la primera, bien utilizando lentes o aparatos especiales, etc.

La ambliopía, además de la disminución de la agudeza visual, provoca trastornos de la percepción tales como:

- Disminución de la visión central, pero buena visión periférica.
- Disminución del campo visual, pudiendo descender el ángulo residual hasta cinco grados.
- Percepción del espacio como si fuera a través de un enrejado, con una multitud de puntos negros o brillantes.
- Ausencia de conos en la retina, lo que impide la percepción de los colores.
- Visión diurna disminuida. (Herren y Guillemet, 1982.)

Por su parte, Leonhardt (1992) añade las siguientes dificultades:

- El mundo está desdibujado. Sufre distorsiones sistemáticas de la realidad, lo que lo lleva a una interpretación equivocada.
- Su percepción es analítica, secuencial. Esto provoca un ritmo más lento en los aprendizajes.
- El desarrollo motor se ve dificultado. Requiere más tiempo para descubrir los objetos y así poder manipularlos.
- Tiene dificultad en la atención por lo difuso de los estímulos que le llegan.
- Se fatiga después de mirar y prestar atención a una tarea visual.
- Encuentra dificultad para imitar conductas, gestos y juegos.
- Su autoimagen puede verse dañada.
- No es el niño ideal esperado.
- Actitud ambivalente según las respuestas visuales.
- Se va dando cuenta de que hay cosas que se le escapan.
- Se pueden dar alteraciones de conducta y en sus relaciones con los demás.
- Manifiesta dificultades para establecer el vínculo por falta de contacto visual y encuentra gran dificultad para ver y seguir a los otros niños, por lo que puede preferir dejarlos de lado.

– Por último, son frecuentes los miedos. Las sombras y los ruidos pueden ser muchas veces aterradores si se desconoce lo que los provoca.

No obstante, a pesar de las dificultades en sus percepciones y desarrollo, si recibe la ayuda adecuada, el alumno ambliope formará sus estructuras cognitivas como el niño vidente.

En el marco escolar, generalmente, no necesitan aprender Braille y pueden leer los mismos textos que sus compañeros aunque es preciso realizar ciertas modificaciones.

Cuando por el grado de ambliopía se duda sobre si el alumno debe aprender en Braille o en letra impresa, se le realiza un diagnóstico en los campos de eficiencia y potencial visual, eficiencia y potencial táctil, pronóstico del impedimento visual y presencia de discapacidades adicionales. Además se observan las siguientes características (Koening; Holbrook, 1989):

1. *Características de los alumnos que pueden ser posibles candidatos para la lectura impresa*
   – ¿Usa eficientemente la visión para completar tareas a corta distancia?
   – ¿Muestra interés en las láminas y puede identificarlas?
   – ¿Identifica su nombre impreso y/o comprende que las letras tienen un significado?
   – ¿Utiliza lo impreso para realizar tareas de aprestamiento?
   – ¿Su condición visual es estable?
   – ¿Tiene campo visual central intacto?
   – ¿Muestra progreso estable en el uso de la visión, lo que le permite asegurar una eficiente lectura en tinta?
   – ¿Tiene discapacidades adicionales que puedan interferir en el progreso de su aprendizaje de lectura en tinta?

2. *Características del alumno que puede ser posible candidato para la lectura en Braille*
   – ¿Prefiere explorar el ambiente táctilmente?
   – ¿Usa el tacto con eficiencia para identificar objetos pequeños?
   – ¿Utiliza el Braille para la adquisición de habilidades de prelectura?
   – ¿Tiene una condición visual inestable o un pronóstico pobre que compromete su visión en el futuro cercano?
   – ¿Tiene el campo visual reducido o no funcional lo que hace pensar que la lectura visual no será eficiente?

– ¿Muestra progresos estables en el desarrollo de habilidades táctiles necesarias para la lectura táctil?
– ¿No padece discapacidades adicionales que puedan interferir en el progreso de la adquisición de la lectura Braille?

En todo caso, debido a la trascendencia de la elección de uno u otro sistema de lectura para el futuro del alumno, se recomienda adoptar las siguientes premisas:

1. Habrá de ser una decisión técnica, científica y argumentada.
2. Deberá ser adoptada interdisciplinarmente por los componentes del equipo de valoración del sujeto.
3. Deberá ser considerada reversible, con posibilidad de rectificación, teniendo en cuenta la evolución del lector.
4. Irá siempre acompañada del compromiso de realizar un seguimiento continuo del sujeto. (Martín-Blas, 2000.)

Con todo, se debe evitar que el niño ambliope emplee los ojos para leer en Braille, ya que puede habituarlo a una mala posición del cuerpo, así como producirle una gran fatiga.

En el caso de un ambliope profundo con riesgo de convertirse en ciego, se perseguirá que consiga el mayor número posible de recuerdos visuales siendo indispensable que se le enseñe el Braille. También el Braille ayudará a un ambliope profundo a descansar la vista y preservarla para otras actividades.

Principios generales y material específico

Habitualmente, los niños ambliopes no presentan dificultades para su integración en el aula ordinaria si se siguen una serie de principios y se recurre a la utilización de material específico.

A. Principios generales que han de tenerse en cuenta

1. Iluminación buena en clase (500 lux sobre un campo de trabajo). Respecto a la iluminación, según Gómez *et al*, 1994, se debe tener en cuenta que:

a) No sólo es necesario tener presente la cantidad de luz, sino la calidad de la misma.

b) Se deben evitar los deslumbramientos; un aspecto destacado es que la mesa de trabajo sea oscura, así se eluden los que pudiera producir ésta.

c) La luz debe entrar al objeto por detrás o por el lado de la cabeza.

d) La mayor iluminación debe estar siempre sobre el material de trabajo.

e) Las necesidades de iluminación deben estar en concordancia con las características de la persona y de la tarea.

2. Las gafas deben ser llevadas permanentemente si han sido recomendadas y mantenerlas limpias y bien ajustadas.

3. Aumentar el tamaño del material impreso y de las letras en el encerado. Debe tenerse en cuenta, no obstante, que todo aumento en el tamaño reduce el campo efectivo de la visión. Esto significa que se reduce la cantidad de material que puede percibirse al mismo tiempo y, por tanto, la velocidad lectora también queda afectada. De ahí la importancia de ajustar el tipo y grado de aumento a las necesidades individuales de cada persona.

Para conseguir la ampliación del material que debe utilizar el niño ambliope puede emplearse:

a) La ampliación adaptativa que se consigue de dos formas:

   – acercando el objeto a los ojos, pudiéndolo hacer el alumno hasta prácticamente 2 cm del texto. Es un procedimiento que proporciona una imagen agrandada en la retina de forma automática;
   – aumentando el tamaño de los objetos y materiales (macrotipos).

b) La ampliación óptica, que se consigue por medio de lentes o con aparatos de televisión.

4. El ambliope recibe una información incompleta al no poder percibir muchos detalles, por lo que a menudo comete faltas de interpretación. Por ello, es preciso que se le muestren el mayor número de cosas lo más cerca posible, completando, si es necesario, la infor-

mación por medio de la descripción oral. De lo dicho se desprende la importancia que debe dársele a técnicas audiovisuales tales como diapositivas, películas, retroproyector... en la enseñanza del niño ambliope. Gracias a estas técnicas audiovisuales se consigue paliar en gran parte los errores de las informaciones visuales que los niños reciben, haciendo aparecer detalles que de otra forma no hubiesen podido captar.

5. La necesidad de que el ambliope utilice su visión residual se ha demostrado imprescindible ya que la investigación ha puesto de manifiesto que si estos niños reciben un gran número de impresiones visuales desde una edad muy temprana, así como la necesaria ayuda, podrán utilizar plenamente esa visión residual. Queda lejos la doctrina oftalmológica según la cual la lectura de la letra impresa producía efectos nocivos en el ojo miope, y en el de otros niños con visión parcial.

B. Material específico que puede precisar

1. Ayudas ópticas. Fundamentalmente utilizadas, con independencia de las gafas y las lentillas, para ampliar el tamaño de la imagen en la retina. Las ayudas ópticas que pueden darse al niño ambliope, se agrupan en cuatro grupos fundamentales:

   a) Lupas. Son lentes convexas, convergentes, que aumentan el tamaño del objeto al mirar a través de ellas. Se utilizan en las tareas que se han de realizar de cerca. Pueden ser manuales o con soporte. Estas últimas pueden ser fijas o enfocables, y ambas, con luz o sin ella.

   b) Sistemas microscópicos. También son lentes convergentes convexas, que se utilizan para distancias menores a 25 cm, es decir, cuando existen dificultades de acomodación-enfoque. Van montados en las gafas.

   c) Sistemas telescópicos. Permiten aumentar la imagen del objeto sin necesidad de acercarlo. Son los únicos instrumentos para realizar tareas de lejos. Pueden ser manuales y montados en gafas (monoculares y binoculares).

   d) Telemicroscopios. Son telescopios enfocados para distancias cortas (menores a 1 m), o con lentes de aproximación incorporadas.

e) Telelupas o Lupas Televisión. Sistema de ampliación de imágenes a través de un monitor, lo que permite al alumno invidente ampliar hasta 16 veces el texto.

2. Instrumentos no ópticos. Instrumentos que a menudo mejoran el uso de la visión con la intervención de los instrumentos ópticos o sin ella. Siguiendo a Vicente (2000) los clasificaremos en los siguientes apartados, describiéndolos brevemente:

a) Para mejorar la iluminación.

- Lámparas de brazo flexible. Evitan el deslumbramiento y mejoran el contraste.
- Viseras y protectores laterales. Sirven para reducir la luz que penetra por la parte superior y lateral de la cabeza, manteniendo un aceptable grado de visión.
- Estenopeicos. Son ranuras o hendiduras que se colocan delante del ojo y concentran los rayos luminosos permitiendo así un control de la dispersión de la luz.
- Filtros solares. Acortan el tiempo de adaptación a los cambios de iluminación, mejoran el contraste y reducen el deslumbramiento.
- Filtros de página. Colocados sobre el texto que se va a leer aumentan el contraste del mismo, incluso si éste presenta una mala calidad de impresión de tinta.

b) Para mejorar el contraste.

- La utilización de superficies oscuras/claras, dependiendo del color del objeto y del fondo, pueden mejorar la percepción del mismo: el empleo de rotuladores negros sobre papel blanco o amarillo y las letras de mayor tamaño favorecen la posterior lectura.
- El tiposcopio (trozo de cartulina negra con una hendidura) es un instrumento que, de manera automática y sencilla, aumenta el contraste y ayuda a la persona a leer sin perder el renglón. Son especialmente útiles para la firma de documentos.

c) Para mejorar la comodidad física. Ergonomía.

– Los atriles y soportes de lectura ayudan a mantener el material a la distancia que requieran los instrumentos ópticos que se utilizan, mejorando el rendimiento al permitir una posición de trabajo más adecuada.

3. Máquina Perkins, si aprende Braille.
4. Magnetófono de cuatro pistas.
5. Material fotocopiado con suficiente contraste y claridad.
6. Medios adaptados a su tipo de escritura: papel pautado (de rayado simple, de doble rayado y cuadriculados) que permita presentar escritos rectilíneos y enmarcados.

En las actividades académicas en las que se exige resolver tareas de cerca, tales como la lectura, escritura y cálculo, el profesor puede seguir las siguientes sugerencias, tomadas de Barraga (1983), con el fin de que el niño ambliope pueda realizarlas sin ningún obstáculo:

1. Haga que el «mirar y ver» sean divertidos. No presione, sólo anime.
2. Tómese tiempo y mire junto con el niño libros y revistas, y señale los objetos conocidos. Pregúntele qué ve y que elija la distancia más cómoda para ver. Las ideas y las actitudes de los otros pueden ser transmitidas sutilmente al niño.
3. Anímelo a que mire aunque no se tenga la seguridad de que puede ver dibujos o láminas. Al no estimularlo constantemente a que mire se lo priva de la oportunidad de funcionar visualmente.
4. Recuerde que un prolongado uso de la baja visión puede convertirse en una reducción temporal de la eficiencia como resultado de la fatiga.
5. Sea realista en lo que espera de los resultados visuales. Ayude al sujeto a que comprenda y se dé cuenta de que lo que él ve, puede ser diferente a lo que otros ven. Trate de que mire con atención para lograr mayor precisión en lo que ve y estimúlelo a mejorar cuando su rendimiento sea inferior al esperado.
6. Algunos sujetos con baja visión leen muy lentamente y a menudo mueven la cabeza o el libro en lugar de los ojos. A medida que se cansan, pueden perder la línea, saltar letras y leer peor. Si esto es así, es aconsejable un cambio de tarea que requiera menos uso de la visión.

7. Comprenda que el poder leer lo impreso, aún por períodos cortos, puede no querer decir que es visualmente eficiente para otras tareas visuales. Discriminación y reconocimiento de detalles en otros trabajos escolares necesitan también atención.

8. Trate de evitar el trabajo sobre superficies lustradas, o en sombras o en zonas donde hay reflejos. Cuando sea posible, utilice luz natural.

Profundizando un poco más y centrándonos más concretamente en la lectura, se señalan para el profesorado, las siguientes orientaciones:

1. No suponer que el niño ambliope posee la habilidad, adquirida espontáneamente, de orientarse frente a un libro común. El alumno debe saber inspeccionar el libro para identificar la tapa, la parte posterior, la parte superior e inferior.

2. Ayudar al niño a colocar el libro en la correcta posición, distancia y ángulo de visión. Para facilitarle la tarea, el profesor puede colocar el libro sobre un atril o sostenerlo a la distancia deseada.

3. Al niño ambliope le resulta difícil localizar algo en una página; por ello, el profesor debe tomar las previsiones necesarias para que el niño pueda percibir las características visuales de un escrito una vez que se ha ubicado a la derecha, izquierda, arriba y abajo del mismo. Se debe enseñar a recorrer visualmente la página a fin de encontrar fechas, dibujos, números, etc.

4. La identificación de los esquemas o distribuciones de escritos que se hacen en una página también requieren un entrenamiento para el niño ambliope. Para ello, es necesario que el niño se habitúe a leer números, letras o palabras, tanto en columnas verticales como en horizontales. Debe practicar la lectura visual de columnas, encontrar correlaciones entre una y otra, etc.

5. Algunas tareas, como encontrar la respuesta para una pregunta de múltiple elección, llenar espacios en blanco, completar palabras, letras o sílabas que faltan en un texto, pueden ocasionar dificultades al niño ambliope al requerir unas habilidades que él no posee; para evitar dichos problemas el niño debe ejercitarse en estas tareas visuales.

6. Seleccionar los materiales de lectura de tipo comercial ya que estos libros, para atraer la atención del niño con visión normal, suelen presentar multitud de dibujos, esquemas, trazos, líneas... adecuados para estos niños, pero que no son recomendables para el niño ambliope.

8. El profesor debe tener en cuenta, a la hora de seleccionar los libros que deberán leer los niños ambliopes, la variación en los tipos de letras, la densidad y el tamaño de las mismas y el brillo del papel. Una buena adaptación suele ser la colocación, sobre la página, de un filtro opaco para poder acentuar el contraste y resaltar así los trazos más oscuros.
9. Para algunos niños ambliopes es más apropiado utilizar lupas para ampliar la imagen que emplear libros con macrotipos. El niño debe ser entrenado en la utilización de los elementos de ampliación de tamaño.

El profesorado también diseñará los ejercicios oportunos para evitar las dificultades con las que suelen enfrentarse los niños ambliopes a la hora de leer un texto debido a su ambliopía:

1. Leer silábicamente, con constantes detenciones.
2. Perderse de línea fácilmente, saltarse líneas enteras, omitir o añadir palabras.
3. Confundir palabras parecidas.
4. Ignorar la puntuación.
5. Necesidad de señalar las palabras que lee.
6. Presentar dificultades en el diccionario, el índice…
7. Ver las letras y palabras como si se fundiesen: *cl=d, a las=alas.*
8. Confundir letras de forma parecida: *n= r, f=t.*
9. Incapacidad de reconocer palabras familiares si están escritas en un estilo diferente, impresas o en color.
10. Dificultad para copiar palabras, oraciones o problemas de la pizarra. (Codina y Valls, 2000.)

Adoptando, entre otros, los principios, medios y recursos que acabamos de enumerar, se puede lograr minimizar en gran medida las dificultades que le ocasiona al alumnado ambliope su disminución de visión.

Libros escritos con grandes caracteres

Para los ambliopes existen los «libros ampliados» que utilizan macrotipos y ampliaciones de ilustraciones.

La utilización de macrotipos o tipos de letras grandes en la enseñanza del niño ambliope está envuelta en polémica, al comprobarse en la última década que no existe relación alguna entre tamaño de letra, velocidad y comprensión de lectura y la agudeza visual.

Los defensores de la utilización de macrotipos, ven las siguientes ventajas en su uso:

1. La utilización de macrotipos requiere menor esfuerzo visual que el leer letras comunes, retrasando así la aparición de la fatiga en los lectores.
2. Con tipos de letras grandes se puede trabajar sin necesidad de emplear lupas.
3. Algunos alumnos no pueden ver las letras comunes y sí las letras grandes.
4. Es un recurso útil en el inicio a la lecto-escritura. También en algunos casos, el macrotipo resulta ser útil en esta etapa inicial de la lecto-escritura si es combinado con otros sistemas: Braille, libro hablado, etc.

Por contra, los detractores de emplear ampliaciones, destacan las desventajas que su uso implica:

1. El sujeto puede ver menos de un vistazo y puede saltarse renglones, lo que hace más lenta su lectura.
2. El movimiento de cabeza que requiere recorrer cada línea es cansado y lento. Por otra parte, si no se utilizan atriles o mesas abatibles, su lectura exige posturas corporales forzadas.
3. Los libros suelen ser grandes, pesados y sin color, lo que los hace difíciles de manejar y diferentes de los utilizados por sus compañeros videntes.
4. La mayoría de los libros de tipos grandes no llevan láminas, lo que los hace aburridos y poco interesantes.
5. Es muy limitada la producción de este tipo de libros y no está actualizada.

En el caso de utilizar el macrotipo, éste debe ser de gran calidad. Para poder utilizarlo o seleccionar, el profesional debe conocer los factores que condicionan tal calidad (Estaun y Espejo, 1986). Estos factores son los siguientes:

1. *La legibilidad o claridad* dependen de:

   a) El tamaño y grosor de la impresión.
   b) El espacio entre letras, palabras y líneas; cuanto más juntas estén las letras o más gruesos sean sus trazos más difícil será leerlo.
   c) El estilo caligráfico de la impresión.

2. *El color y la calidad del papel:*

   a) El color ha de ser blanco o marfil (que disminuye aún más los reflejos) porque son ideales para las impresiones en negro.
   b) La calidad: papel opaco (tipo offset) es el más adecuado porque absorbe mejor la tinta y reduce los contrastes, además favorece las impresiones en color.

3. *La presentación:*

   a) La extensión del renglón no debe ser demasiado larga a fin de no hacer lenta la lectura. El ideal es no superar 39 letras.
   b) Emplear grabados de color por su atractivo.
   c) La encuadernación debe estar en función del tamaño de la copia. Puede emplearse una buena cartulina para que el niño pueda doblar el libro si es necesario (para su colocación en la mesa o su transporte). El sistema de espirales para unir las páginas se ha mostrado muy eficaz al permitir pasar las páginas con gran facilidad.
   d) En cuanto al número de páginas por encuadernación, debe ser inferior al libro normal, agrupando cada materia por temas. Con ello, se evita el problema del tamaño y del peso que supone un libro ampliado completo.

Para Barraga (1983), los libros de los primeros grados en general suelen utilizar letras de 18 y 24 puntos. En el tercer y cuarto grado, la elección del tipo de letra y ayuda óptica es más fácil ya que el alumno ha podido experimentar y comprobar cuál es el más conveniente. Algunos niños leerán las letras comunes para trabajos generales y preferirán letras grandes para matemáticas o ciencias. Otros optarán por las letras pequeñas para tareas cortas y usar lupa para mayor comodidad cuando se cansan.

Libros corrientes para niños ambliopes

El profesor puede utilizar algunos libros existentes en el mercado para hacer leer al niño ambliope, siempre que cumplan las condiciones técnicas necesarias para que el niño con visión residual pueda leerlo (figura 16); en otro caso puede modificarlos o confeccionarlos él mismo.

¿Qué han preparado Kiper y Tigre para merendar?

Y tú, ¿qué merienda prefieres?

Figura 16: *¡Cómo brilla el sol, Kiper!,* Mick Lukpen, Ed. Timun Mas

Para ello, el profesor debe conocer ciertos factores que pueden condicionar la legibilidad y la comprensión del texto. Estos factores son analizados en el apartado de libros fáciles de leer, pero atendiendo la especifidad del niño ambliope, remarcamos las siguientes:

1. Evitar cualquier adorno o elemento superfluo en las letras.
2. Evitar que el trazo de las letras sea demasiado fino o grueso.
3. Evitar los textos escritos en letras mayúsculas.
4. Evitar la excesiva extensión del renglón.
5. Evitar tamaños de letras muy pequeños.
6. Evitar papeles y tintas de color. Lo ideal es papel blanco y tinta negra, pero si el texto es muy largo, para evitar el reflejo se puede utilizar el color marfil.
7. Ciertos colores de letras, como el amarillo, violeta, azul celeste… pueden ocasionar problemas de percepción en algunos alumnos.

83

8. Evitar papeles finos que permiten distinguir lo escrito en el reverso.
9. Eliminar la sobreimpresión de textos sobre dibujos.
10. Claridad en las páginas, sin exceso de textos y dibujos.
11. El recorrido visual de la hoja debe mantener una direccionalidad homogénea: de arriba abajo y de izquierda a derecha.

También el profesorado debe conocer las condiciones que tienen que poseer las ilustraciones para ser adecuadas para el niño ambliope:

1. Que el contraste sea máximo. Los colores que más contrastan son el blanco sobre el negro y el negro sobre el blanco. Si hay brillo, es aconsejable usar algunos colores siempre que se mantenga la claridad.
2. Que los colores sean claros para evitar que los detalles se fundan unos con otros. Los colores que más fácilmente pueden ser captados son, generalmente, el blanco sobre el negro y el rojo sobre el amarillo, así como el color azul.
3. Que destaquen los motivos centrales.
4. Que no existan figuras confusas o mal delineadas.
5. Que sean sencillos y eliminen los detalles innecesarios.

Pensemos que los niños ambliopes suelen concentrarse primero en los detalles y luego suelen hacerse una idea global, al revés que nosotros, de ahí la importancia de seleccionar buenas ilustraciones (figura 17).

Figura 17: *¿De qué color es? Piggy Wiggy*, Christian y Diane Fox, Ed. Timun Mas

Hay que tener en cuenta también que el niño ambliope, si no ha habido enseñanza, no conoce las «convenciones» que se emplean en el diseño pictórico de las ilustraciones de sus libros escolares y libros en general, por lo que puede fallar en la comprensión de dicha información. Es preciso que el profesorado enseñe las técnicas básicas para su correcta interpretación (existen abundantes ejercicios en el libro de Chapman y Tobin, 1986, *Mira y piensa,* para trabajar los distintos campos que componen la percepción visual). Así, por ejemplo, el maestro explicará al niño, dentro del apartado de la perspectiva, el tamaño relativo. Cuanto más alejado está un objeto, más pequeño aparecerá.

1. La oclusión. Un objeto que ocluye (bloquea) al que está detrás, se encuentra más próximo al observador.
2. La elevación. Cuanto más alejado está un objeto, más alto aparece en el cuadro.
3. La convergencia. Las líneas tienden a unirse cuanto más lejos estén en relación con el observador, como sucede con las vías del ferrocarril.
4. La textura de superficie. La proximidad u otros aspectos de los objetos en una ilustración puede calcularse en parte mediante la referencia a la densidad de la textura.
5. Los matices tonales. Cuanto más alejado está un objeto, más claro será su tono o su aspecto cromático.
6. La línea de base. Cuando se indica una línea de base en una ilustración, puede utilizarse como punto de referencia para indicar tamaño y proximidad.
   (Estos conocimientos también serán válidos para cualquier niño con dificultades educativas cuando se tenga que enfrentar con la lectura de libros de fotografías y libros ilustrados.)

Cuando la ambliopía es lo suficientemente profunda para no poder utilizar los libros seleccionados en el mercado, el profesor puede utilizar diversos métodos para ampliar el tamaño de las letras, (medidas por puntos), y mejorar la legibilidad:

1. Una imprenta con tipos más grandes.
2. Una máquina de mecanografía regular, pero con tipos o letras más grandes y con el uso de mayúsculas. En la actualidad prácticamente no se utiliza.

3. Una fotocopiadora. El único requisito es que el texto sea de buena calidad, ya que en caso contrario, la ampliación resalta los fallos de impresión, aunque sea poca la ampliación realizada.
4. Un ordenador, con el que no sólo se puede seleccionar el tipo de letra que resulte más legible para el alumno, sino también elegir el tamaño de letra más conveniente:

Caramelo
Caramelo
Caramelo

Pensemos sin embargo, como ya se ha dicho, que los niños con visión parcial, al conservar su poder de adaptación, pueden ampliar ellos mismos la imagen acercando el objeto a sus ojos. Su ilimitada capacidad de acomodación les permite, mientras aprenden a ver, acercar el material a 5 u 8 cm de sus ojos, no necesitando ninguna ayuda óptica para la visión de cerca, aunque sí pueden necesitarla para ver a distancia. No obstante, esta capacidad de adaptación va disminuyendo con la edad por lo que es preciso controlar el esfuerzo que el alumno realiza con el fin de introducir los instrumentos ópticos si se hacen necesarios.

En general, estos niños pueden ver caracteres normales de 12 puntos cuando no se los obliga a mantener una distancia de lectura normal de unos 35 cm.

En el aprendizaje de la lectura, se emplean signos de 2 cm de altura, dimensión que se puede reducir a 5 o 6 mm al final de los estudios.

Al igual que ocurre con otros tipos de libros, el de grandes caracteres no sólo es adecuado para los niños ambliopes sino también para aquellos niños que debido a su grado de déficit no pueden sostener el libro (algún caso de parálisis cerebral, por ejemplo) por lo que deben leerlos a cierta distancia.

7

Alumnos con discapacidades auditivas

Con la expresión «discapacidades auditivas», se abarca toda una gama de incapacidades, que van desde el sordo profundo hasta el que padece una ligera sordera.

Se emplea la palabra «sordo» para designar a aquellas personas cuya audición no es funcional para los propósitos comunes de la vida, e «hipoacúsico» para designar a aquellas personas que tienen una audición funcional con audífono o sin él, aunque esta audición esté alterada.

Es obvio que las dificultades que presenta un sordo profundo para su educación son muy distintas del que sólo padece una ligera sordera. Del mismo modo, no tendrá un mismo pronóstico un alumno cuya sordera sea prelocutiva (ocurrida antes de adquirir el habla) que poslocutiva y que por tanto, al tener el alumno ya ha adquirido el habla, el desarrollo del lenguaje no se verá especialmente afectado.

Es por ello que, dado que las personas sordas conforman un grupo muy heterogéneo, se hace necesario conocer cuáles son las variables internas de la sordera para saber de qué tipo se está hablando cuando se planifica la educación del niño o niña con deficiencias auditivas (véase esquema 4):

VARIABLES	TIPOS	REPERCUSIONES
Momento en que se inició la sordera	**Sordera prelocutiva:** Ocurre antes de adquirir el habla. **Sordera poslocutiva:** Ocurre después de haber adquirido el habla.	Las consecuencias de tener una sordera prelocutiva son más graves que las de un sordera poslocutiva con relación a la adquisición del lenguaje oral.
Localización de la lesión	**Sordera conductiva:** Afectado el oído externo o el medio.	Afectan al grado de audición y no a la calidad de la misma. A veces, reversible (corregible con intervención médica).
	Sordera neurosensorial: Afectado el oído interno o las vías de acceso al cerebro.	Afecta tanto al grado como a la calidad de la audición.
	Sordera mixta: Cuando se da una sordera neurosensorial junto a una conductiva.	No existe actualmente ningún tratamiento quirúrgico que cure esta sordera.
Grado de pérdida	**Sordera ligera** (20 a 40 dB)	No impide un desarrollo lingüístico normal de la lengua oral. Problemas en el desarrollo del lenguaje oral.
	Sordera media (40 a 70 dB)	Precisa de adaptación protésica e intervención logopédica.
	Sordera severa (70 a 90 dB) **Sordera profunda** (más de 90 dB) **Cofosis** (por encima de los 120 dB. Ausencia de restos auditivos. Muy poco frecuente)	Importantes problemas para la comunicación oral y para la adquisición de la lengua oral. Requiere enseñanza de esta lengua intencional y sistemática y tiene limitaciones.

Esquema 4: Variables internas de la sordera

Como se puede comprobar, el grado de sordera incide directamente sobre la palabra y el lenguaje, aunque existen otros factores, tales como: fecha de aparición de la sordera, actitud familiar, inteligencia del niño, precocidad de la adaptación a la prótesis, entorno socioeducativo, etc., que también pueden condicionar muchísimo el grado de desarrollo lingüístico del niño o niña sordos.

Pero la sordera no sólo conlleva efectos negativos derivados del hecho de no oír, ya que es una incapacidad importante con una serie de consecuencias que podríamos presentar de una forma esquemática en el siguiente cuadro (esquema 5) tomado de Ramírez (1982):

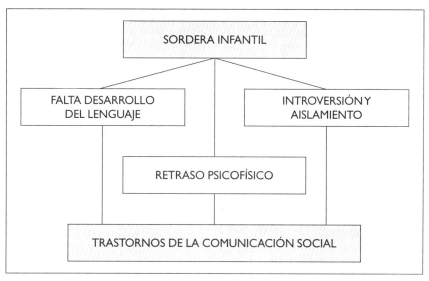

Esquema 5: Consecuencias de la sordera infantil

Tales dificultades pueden comprometer seriamente la buena adaptación escolar del alumno sordo si la escuela no reúne una serie de condiciones que Marchesi (1990) resume en:

1. Proyecto educativo del centro que tenga en cuenta la escolarización de alumnos sordos.
2. Elección de un sistema de comunicación que se utilice preferentemente con los alumnos sordos, y que sea progresivamente conocido por profesores y alumnos.

3. Profesores preparados para realizar las adaptaciones curriculares necesarias que faciliten el progreso de los alumnos sordos.
4. Profesores de apoyo especializados que conozcan el lenguaje de los signos.
5. Organización flexible del centro que permita diversos modos de atender las necesidades educativas de los alumnos sordos.
6. Recursos materiales, especialmente sistemas de amplificación y aulas disponibles con equipamiento técnico.
7. Presencia de adultos sordos que colaboren en la educación del niño.

Por su parte el BIAP (Bureau international d'audiophonologie), en unas recomendaciones del año 1997, nos señala los parámetros que se han de considerar para plantearse una integración o coeducación preescolar o escolar de niños con deficiencias auditivas en la enseñanza ordinaria:

1. Las características audiológicas del niño con ayuda protésica o sin ella, lo que incluye:

   a) Importancia de la pérdida o deficiencia auditiva.
   b) El tipo de deficiencia auditiva.
   c) La edad en el momento de la pérdida auditiva.
   d) El carácter, evolutivo o no, de la pérdida auditiva.
   e) La eficacia de la adaptación protésica.

2. El momento de la intervención de un equipo audiofonológico especializado y el seguimiento que éste realiza con el niño.
3. Del perfil «médico-pedagógico» del niño con deficiencia auditiva establecido por el equipo anteriormente citado y que incluye:

   a) Sus facultades intelectuales y su equilibrio psicoafectivo.
   b) La ausencia o presencia de trastornos asociados.
   c) Su motivación personal a su educación o a su integración.
   d) Sus aptitudes particulares:

       – en cuanto al lenguaje oral (comprensión y expresión) en sus aspectos articulatorios, lexicales y morfosintácticos;
       – en cuanto a la lectura labial con ayuda de complementos manuales o sin ella;

- en cuanto a la utilización de sus restos auditivos;
- en cuanto al lenguaje escrito (comprensión y expresión);
- en cuanto a cualquier otro medio de expresión y de recepción de un mensaje lingüístico.

e) El nivel de sus adquisiciones pedagógicas

4. El entorno del niño deficiente auditivo:

a) Entorno familiar:

- situación afectiva;
- actitud ante la deficiencia;
- nivel de información y motivación hacia la integración;
- participación educativa y disponibilidad de los padres;
- nivel socioeconómico.

b) Entorno social (familiares, amigos, vecinos…):

- nivel de información;
- actitud hacia la deficiencia.

5. Condiciones de acogida en las actividades escolares y extraescolares para oyentes:

a) Una buena formación pedagógica general para los profesores de las clases de integración.
b) Una información específica previa seguida de una adhesión completa por parte de todo el equipo al proyecto de integración propuesto.
c) La presencia de un equipo educativo constituido, para cada niño, por representantes del equipo audiofonológico especializado, por representantes del centro de oyentes y por los padres del niño en cuestión.

Centrándonos en las materias curriculares que los alumnos con deficiencias auditivas deben cursar, hay que decir que las que el profesor de aula y el especialista deberán trabajar con mayor énfasis para conseguir que el alumno pueda seguir la escolaridad ordinaria, son la comunicación, el lenguaje y el habla. Se deben perseguir los siguientes objetivos:

1. Percepción del habla mediante el aprendizaje y complementación de la lectura labiofacial.
2. Entrenamiento auditivo.
3. Aceptación y utilización óptima del audífono, que amplifique/modifique los sonidos procedentes del exterior, estimulando así sus restos auditivos.
4. Control y corrección, en su caso, de los prerrequisitos motrices de la fonación y la articulación, a saber: respiración, soplo y praxias bucofaciales.
5. Entrenamiento en articulación.
6. Educación y corrección de los elementos suprasegmentales del habla: intensidad, entonación, timbre, tiempo, espacio, tensión y pausa.
7. Comprensión y uso del vocabulario básico.
8. Comprensión y expresión funcional de frases.
9. Comprensión y uso de las principales reglas y estructuras moni sintácticas.
10. Desarrollo de la comunicación en situaciones naturales y funcionales (pragmática). (Torres *et al,* 1995)

Modelos para enseñar a comunicarse al niño sordo

Por lo que respecta a cómo enseñar a hablar y comunicarse al niño o niña sordos, hay que decir que existen numerosos modelos comunicativos y lingüísticos (véase el esquema 6).

Los sistemas más importantes son:

1. *Labiolectura.* También llamada lectura labiofacial y orofacial, porque la persona sorda observa toda la cara del emisor y no sólo sus labios para «leer» lo que se le está diciendo. Por desgracia, al existir fonemas cuya articulación no es visible y otros, que aunque pueden ser vistos, pueden confundirse fácilmente (por ejemplo /p/ y /b/), y por el hecho de que si no se conoce de antemano la palabra que el

Opciones	Orientaciones	Concreciones
Oral puro	Unisensoriales Plurisensoriales	Método VT:SUVAG Método Maternal-reflexivo
Oral complementado	Basados en la LLF (lectura labiofacial) – Basados en complementos manuales – Basados en signos manuales	Palabra complementada Método manual
Gestual	Dactilología Dactilología + habla Lenguaje de signos LS + lengua oral	Neooralismo ruso Método Rochester Gestos + dactilología Bilingüismo
Mixtos	Bimodal unilingüe Bimodal bilingüe Comunicación total	Simultanea habla + gestos Alterna habla y gestos Eclecticismo

Esquema 6: Principales modelos comunicativos con niños sordos

emisor emite, no puede ser leída en los labios por la persona sorda, la labiolectura no constituye una sustitución completa del lenguaje hablado.

2. *Palabra complementada o «Cued Speech».* La palabra complementada es un sistema de claves manuales que juntamente con la lectura labiofacial permite que se pueda visualizar de manera completa el código fonológico de la lengua oral (figura 18). Se utilizan 8 configuraciones de la mano llevadas a cabo en tres posiciones distintas, las cuales realizadas de manera simultánea al hablar permiten que el individuo discrimine todos los fonemas que emitimos. Es un sistema de apoyo a la lectura labiofacial.

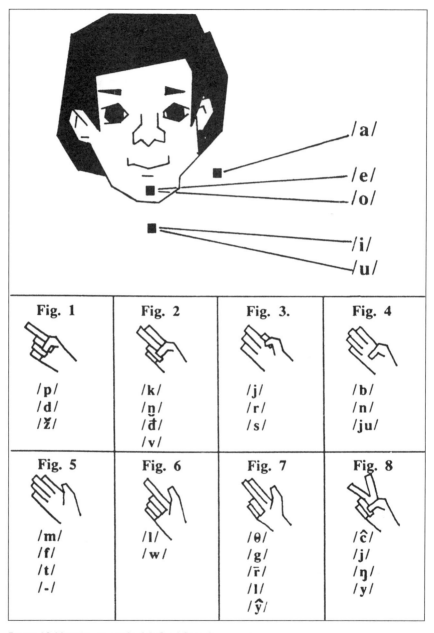

Figura 18: Versión española del *Cued Speech*

3. *Dactilología.* Es un sistema de deletreo de las palabras con posición de la mano (figura 19).

4. *Lenguaje de los signos.* La lengua de signos española (LSE) es una lengua que se expresa gestualmente, se percibe visualmente y se desarrolla con una organización espacial y con una gramática propia que difiere de la oral (figura 20); todo ello comporta que el uso simultáneo del lenguaje oral con el de signos resulte una actividad complicada para las personas cuya forma de expresión natural es la gestual. Últimamente está muy reivindicado por muchos profesionales y asociaciones de padres que lo consideran como el sistema de comunicación que responde más directamente a las necesidades de los alumnos sordos.

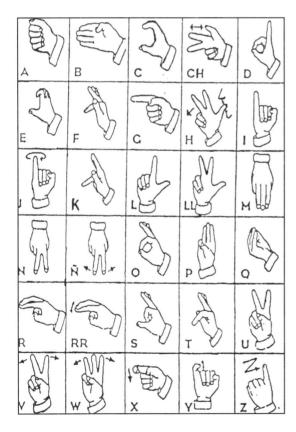

Figura 19: Alfabeto dactilológico

5. *La comunicación bimodal* (también llamada total). Consiste en utilizar el lenguaje de signos (gestos manuales) al tiempo que se habla, siguiendo el orden y estructura del lenguaje oral, añadiendo signos artificialmente elaborados para ciertas palabras que, en lengua de signos, se omiten (verbo ser, preposiciones, artículos…) y utilizando la dactilología para las palabras que no tienen el signo correspondiente (figura 21). No constituye una lengua propia de ningún colectivo lingüístico. Es un sistema muy criticado, sus defensores ven su valor en considerarlo no un sistema autónomo, sino como un puente entre dos vías de comunicación, entre dos comunidades (oyentes y sordos).

"ME GUSTAN MUCHO LOS CARAMELOS"

Figura 20: Lengua de signos española. *Lola y su familia,* CNSE

Figura 21: Sistema de comunicación bimodal, *Lola y su familia,* CNSE

El debate sobre cuál de los métodos es el más adecuado para posibilitar la comunicación a los niños y niñas sordos sigue todavía latente, aunque hay dos grandes corrientes contrapuestas: los métodos orales y los gestuales.

Los métodos orales, como señala Fernández (1995), se basan en la estimulación auditiva y de las emisiones orales (la palabra) para la comunicación. Se pone énfasis en el aprendizaje de la lectura labial como medio complementario para la comprensión de los enunciados de los hablantes y, en general, prescinden de la utilización de gestos. En este apartado se encuentra en un lugar destacado la «Palabra complementada» *(Cued-Speech)*.

Los métodos gestuales incluyen tanto los lenguajes de signos como los sistemas de comunicación signados concebidos con finalidad educativa. Emplean el lenguaje de signos auxiliados por la dactilología y, en general, combinados con la lectura labial.

Según Silvestre (1998), los métodos gestuales son aconsejables en los casos de sordera en los que hay otros trastornos asociados cognitivos o comunicativos. También se recomienda su uso en los casos de fuertes retrasos inexplicables en el lenguaje oral.

Finalmente hay que decir que el uso, casi exclusivo, que se ha hecho de la lectura labial en la enseñanza del niño sordo en la escuela ordinaria junto al hecho de carecer de un código gráfico correspondiente, ha comportado que el lenguaje de los signos se haya «dialectizado», existiendo lenguajes signados en distintas zonas geográficas. La existencia actual de un diccionario mímico español ayudará a potenciar y a unificar el uso del lenguaje de los signos.

Actualmente, después de más de 120 años de prohibición —del Congreso de Milán celebrado el año 1880— se está reconsiderando el valor del lenguaje de los signos en la enseñanza del niño sordo; para Tordis Orjaester «Ha resultado cada vez más evidente la importancia de que los niños sordos aprendan el lenguaje de los signos lo antes posible. A los niños sordos que aprendan este lenguaje a la edad en que los demás aprenden a hablar les resultará más fácil entender la función del lenguaje hablado y sus símbolos cuando sean mayores...».

Limitaciones del alumno sordo en el terreno del lenguaje y metodología para solventarlas

Dentro del campo del lenguaje y centrándonos en el de la lectura, hemos de señalar que el alumno sordo puede tener ciertas limitaciones que en general están centradas fundamentalmente en:

- Insuficiente vocabulario.
- Poca comprensión del lenguaje figurativo.
- Insuficientes conocimientos sintácticos y pragmáticos.
- Insuficientes conocimientos del código fonológico.

Para compensar estas dificultades e intervenir de una forma eficaz, conviene seguir las siguientes recomendaciones generales (Sánchez, 2001):

1. Adaptar los textos escritos al vocabulario y a la comprensión de cada sujeto, según sus competencias cognitivas y curriculares. Reducir la complejidad lingüística y conceptual de los textos escritos para el nivel del niño, así como dividir el texto cuando sea muy denso.
2. Para facilitar la comprensión de las explicaciones del profesor, el aprendizaje de los contenidos curriculares, así como para mejorar y afianzar la comprensión lectora, es conveniente presentar gráficos, dibujos y esquemas a través de soportes y apoyos visuales (transparencias o diapositivas, vídeos subtitulados, películas o cortometrajes subtitulados, fotografías, planos o mapas, láminas o pósters ilustrativos o ilustraciones con dibujos, maquetas, entregar por escrito y de forma individualizada los textos escritos, e incluso utilizar el *software* educativo o programas de informática educativa abiertos).
3. Plantear enunciados y formular preguntas claras, precisas y directas, evitando el verbalismo y los circunloquios para facilitar la comprensión y asimilación de los contenidos de los textos escritos.
4. Fomentar la utilización y la consulta del diccionario para que el alumno sordo tome conciencia de los diversos significados de las palabras según el contexto y el diferente uso funcional de las mismas.

Una de las forma privilegiadas de compensar sus dificultades lingüísticas es la lectura de cuentos y libros ilustrados. La asociación APANCE (Associació de pares de nens sords de Catalunya) da las siguientes recomendaciones a los padres de niños sordos respecto a la lectura de cuentos:

1. Puedes empezar en cualquier momento, aunque tu hijo aún sea un bebé.
2. Si no lo has hecho hasta ahora, no tengas ningún miedo de empezar. Leer un cuento juntos se puede hacer por primera vez a cualquier edad.

3. Coge un cuento con muchos dibujos. Cuando sea pequeño, el cuento debe ser corto, de modo que se pueda contar desde el principio al fin en una misma noche.

4. Utiliza todos los signos que sepas para leer el cuento. Haz «teatro» y señala sobre los dibujos lo que no sepas explicar. Verás qué fácil es captar la atención de tu hijo o hija.

5. A medida que tú aprendas signos verás cómo mejoras leyendo los cuentos.

6. Cuando sea mayorcito, lee tú el libro la primera vez y luego haz que lo repita. Leer significa leer en signos, tanto tú como tu hijo.

7. Puedes pedirle que te diga lo que comprende de un párrafo nuevo y luego tú lees una página entera.

8. Es muy importante que entiendan que en los libros hay historias que les pueden gustar.

9. Lee tú, si tu hijo está cansado, aunque ya sepa leer; no es perder el tiempo.

10. Practica en clase de lengua de signos cómo explicar un cuento. (VV.AA, 2000.)

Profundizando un poco más, diremos que cuando se trata de leer con el alumno sordo un libro o un cuento, se recomienda seguir los siguientes principios:

1. Tener al niño sordo siempre delante. La posición de sentar al niño en las rodillas, aunque a efectos de la comprensión del lenguaje no sea recomendable, transmite una actitud afectiva y mantiene una relación de proximidad que permite al niño percibir el aire que sale del adulto cuando le habla cerca del oído y puede ser también empleada.

2. Con el fin de hablarle cara a cara, el niño deberá estar sentado o de pie. Mejor sentados muy cerca uno frente a otro. La persona que lee sostiene el libro a la altura de la vista del niño de forma que los dos vean las ilustraciones: el niño de frente y el adulto por el dorso.

3. No debemos ponernos de espalda a la ventana o fuente de luz para evitar sombras en nuestra cara que dificultarían la lectura labial del niño. La cara del que habla debe estar bien iluminada evitando que se produzcan sombras duras en la boca, nariz y cuello. Y es que, en contra de lo que comúnmente se cree, para realizar una buena

labiolectura, el niño, como ya se ha dicho, no sólo debe observar el movimiento de la boca de quien habla, sino también las partes blandas de las mejillas y los movimientos del maxilar inferior.

4. La distancia óptima entre el niño y el adulto está entre uno y cuatro metros. Más cerca de 0,3 metros y más lejos de ocho metros no puede conseguirse una buena labiolectura.

5. Intentar que palpe o sienta el habla mediante la colocación de su mano en nuestra garganta o hablándole en la palma de la mano.

6. Si se utilizan títeres para una mejor motivación, el niño sordo debe ver quién habla.

7. Utilizar las máximas indicaciones visuales en su enseñanza, como señalar los objetos o diagramas de los que se está hablando.

8. Utilizar siempre un refuerzo visual del cuento.

9. Hablar poco a poco con una entonación más marcada, pero evitando la exageración en la gesticulación y las muecas.

10. No gritar.

11. Utilizar un lenguaje simple, pero más complejo que el que el niño utiliza e incluso que el que comprende.

12. Emplear un lenguaje concreto, que haga referencia a personas, objetos, acciones... que el niño pueda experimentar.

13. No repetir palabras aisladas sino frases enteras.

14. Utilizar una palabra básica sobre la que se construirá la conversación.

15. Evitar saltar de un tema a otro.

16. Tener especial cuidado cuando se introducen nombres propios, ya que éstos suponen una especial dificultad para el niño sordo.

17. Utilizar un lenguaje reiterativo. El mismo mensaje con las mismas o parecidas palabras, para que el niño al captarlas en diferentes situaciones les vaya dando un significado. A veces convendrá no repetir una misma palabra sino cambiar el término con el fin de enriquecer su vocabulario.

18. Poner el libro en contacto con el niño lo antes posible.

19. Resaltar la enorme importancia de los padres en fomentar el interés por la lectura al niño sordo; si éstos hojean ilustraciones o libros y demuestran interés por lo que están haciendo, el niño, por imitación, puede interesarse por las imágenes a los 18 o 20 meses.

20. Escoger los libros que los niños hayan elegido espontáneamente.

21. Empezar con libros ilustrados para pasar posteriormente, cuando el niño ya posea una cierta habilidad en la lectura, a libros de lectura

propiamente dichos, que atiendan sus intereses y estén al alcance de su mano en todo momento.

22. No imponer un tiempo de lectura, el niño pequeño puede atender durante unos minutos y luego desinteresarse porque está cansado; si esto ocurre no se lo debe forzar a que preste atención, hay que seguir siempre su ritmo de interés.

Dado que es muy difícil sostener el libro y realizar las señales manuales ya que éstas se realizan normalmente con las dos manos, es muy conveniente que al narrar cuentos para estos niños, haya dos personas, una que lea el cuento y otra que lo interprete manualmente. Pensemos que hay niños que hacen una lectura labial, otros interpretan el lenguaje manual y otros emplean los dos métodos.

Respecto a la metodología que se debe utilizar a la hora de la lectura, apuntamos siguiendo a Schmid (1980) los siguientes pasos:

1. El adulto y el niño comentarán conjuntamente las ilustraciones.
2. El adulto leerá el texto, anotando los conceptos, las formas sintácticas y los giros desconocidos o poco familiares para el niño.
3. Practicar lo anotado, con el niño. Con este fin se pueden utilizar:

   – claves y señales;
   – títeres;
   – imágenes que faciliten la comprensión.

4. Representar en el teatro de títeres las escenas más difíciles, haciendo hincapié en el porqué.
5. Lectura oral del libro por el niño junto al adulto; éste, después de cada párrafo, formulará preguntas con el fin de averiguar si realmente el niño comprende lo que está leyendo.
6. Una vez que el libro ha sido elaborado y leído, representar el cuento con el niño.

Actuando así, el niño ya conoce previamente los conceptos que conforman el texto a leer, enterándose de la acción sólo durante la lectura, siendo éste un paso importante en el camino a la lectura independiente.

El procedimiento es distinto si se han de leer cuentos de hadas. A este tipo de lecturas, el niño sordo puede llegar relativamente pronto, si antes ha recibido una educación temprana, de lo contrario su acceso a dichos materiales se realizará tarde, no interesándole ya esta temática, con lo que se perderá una parte importante de la literatura y la posibilidad de estimular al máximo su imaginación. Pensemos que estimular su imaginación es tan importante como estimular el pensamiento. En la lectura de cuentos de hadas, seguiremos, según la autora antes citada, los siguientes pasos:

1. Representar la historia varias veces de distintas maneras, para ello, el adulto puede utilizar:

   – reconstrucción tridimensional de la historia: modelo del bosque, personajes, casitas...;
   – títeres.

2. El adulto le relatará la historia al niño. Éste deberá repetir cada palabra.
3. Representar el cuento íntegramente, sin hacer preguntas.
4. Al día siguiente, después de que el niño ha elegido el personaje que quiere representar, representarán todos juntos el cuento.
5. Después de interpretar la narración con reparto de papeles, el adulto formulará diversas preguntas referidas al cuento, haciendo hincapié en el porqué.
6. Después de dos o tres días, el adulto interpretará el cuento en el teatro de títeres
7. El ejercicio siguiente será otra representación de papeles. El niño podrá disfrazarse de su personaje favorito. El resto de la familia u otros niños, si ello es posible, harán los otros personajes, también disfrazados. Se practicará el diálogo, las preguntas y las respuestas. (Si se tiene se podrá utilizar también un episcopio para mostrar el cuento al niño.)
8. Finalmente se le hace leer el cuento. Se le hará leer una oración tras otra, siempre intercalando preguntas. Se le harán repetir las palabras y formas sintácticas desconocidas. Los conceptos nuevos se habrán practicado antes de la lectura.

El niño ya está preparado para leer sin dificultad el libro, pero hay que advertir que no puede dársele cualquier libro, so pena de que pierda el interés por la lectura, sino uno adecuado a sus intereses y a su desarrollo lingüístico.

La actividad lectora para niños con deficiencias auditivas es especialmente recomendable —y cuanto antes mejor; de hecho, en el caso de sordera es cuando más se justifica el valor de la lectura temprana— dado que la lectura no sólo tiene una finalidad compensadora, sino que sirve como medio y vehículo de comunicación.

Libros escritos con el lenguaje de los signos

Los libros escritos con el lenguaje de los signos son especialmente recomendados para los niños con deficiencias auditivas.

Para los niños sordos existen colecciones adaptadas que suelen ser libros que ya están en el mercado editorial infantil y a los que se les añade la expresión en signos, eligiendo aquellos que se ajusten más a las necesidades de estos niños.

En general, este tipo de libros suelen tener, junto al texto escrito, dibujos con el lenguaje de los signos; no se trata de una «traducción», sino de prestar un apoyo al niño sordo y facilitar en un primer momento su acceso a la lectura. Esta característica los hace distintos de los libros transcritos, cuya finalidad esencial es traducir un código lingüístico a otro.

Es necesario contar con más libros con las ilustraciones de los signos del lenguaje ya que en España existen muy pocos de ellos para niños sordos. Destacar los siguientes títulos editados por el Servicio de Publicaciones del MEC (Centro Nacional de Recursos de Educación Especial):

– *Totó y Sara se disfrazan* (figura 22).
– *Totó va al médico.*
– *Totó y su gato.*
– *La Caperucita Roja.*

Estos libros de bonitas ilustraciones, al contar también con el texto escrito favorecen la interacción entre niños sordos y oyentes.

La revaloración del lenguaje de los signos ha comportado que cada vez haya más interés en crear materiales con este sistema, así hay que resaltar el libro recién editado en catalán por la editorial Salvatella: *Del signe a la paraula* (figura 23), de M. P. Fernández, J. M. Segimon y S. Colell, para enseñar a leer a niños sordos. Su finalidad es hacer de puente entre la lengua de signos y la palabra escrita, de manera que, a partir del trabajo de lectura con el libro, los lectores puedan acceder tanto a un mejor conocimiento de la lengua de signos como de los sonidos de la lengua hablada y de su representación gráfica. Este libro es fácilmente adaptable al castellano. Lo importante es que ofrece pautas para enseñar a leer al niño sordo.

Figura 22: *Totó y Sara se disfrazan*

Figura 23: Página del libro
Del signe a la paraula

Libros corrientes para niños sordos

En el caso de empleo de libros de uso corriente, los padres y profesionales deben tener en cuenta una serie de conocimientos que les permita seleccionar los más adecuados para este tipo de niños. Así, en lo referente al texto:

– que no existan muchas palabras;
– que no existan alusiones y modismos;
– que no existan frases con doble sentido;
– que desarrollen conceptos o refuercen ciertos temas, evitando por tanto, la temática fantástica de ciertos libros;
– que no haya discontinuidad en el tiempo;
– que no utilice un lenguaje telegráfico;
– que no haya giros idiomáticos;
– que no incluya palabras onomatopéyicas;
– que no incluya palabras que carezcan de significado para estos niños. Se debería utilizar el vocabulario básico de la lengua, comenzando por las palabras que normalmente utiliza y puede oír;
– que no utilice palabras polisémicas —una palabra con múltiples significados— en el mismo texto dándoles un sentido cada vez si no están muy bien contextualizadas;
– si existen palabras nuevas, que éstas se presenten de forma gradual y se repitan suficientemente;
– que no posean palabras superfluas (de relleno);
– que el vocabulario sea adaptado y no emplee formas sintácticas complicadas. Empezar por estructuras gramaticales simples para ir avanzando poco a poco hacia las más complejas;
– que empleen un lenguaje corriente con una sintaxis que permita formar hipótesis y juegos de lenguaje;
– que el cuento sea lo suficientemente breve con el fin de que se pueda contar de una sola vez en los primeros años;
– que los libros ilustrados y cuentos concedan un amplio espacio a los diálogos y que muestren situaciones que los niños puedan escenificar;
– evitar los temas fantásticos; no emplear al principio los cuentos de hadas;
– que tengan personajes, lugares y circunstancias cercanas a la realidad cotidiana del niño sordo;
– que el vocabulario se vea facilitado con la imagen;
– que empleen frases hechas sin dificultades gramaticales.

El libro de Lindren y Erikson (1983): *Max en la bañera,* de la editorial Planeta, puede ilustrarnos del tipo de contenido así como de su progresión, que precisaría el niño sordo (cada raya representa una página del libro. Cada página contiene una bonita ilustración):

Aquí está Max. Max mete el pie en la bañera./ Max ya está en la bañera./ La pelota de Max está en la bañera./ El coche de Max está en la bañera./El osito de Max está en la bañera./ El pastelito de Max también está en la bañera./ Llega el perro./ El perro no quiere bañarse. Tiene miedo. Max baña al osito./ Max quiere bañar al perro./ Max cae dentro de la bañera./ El perro cae también dentro de la bañera./Los dos se divierten mucho en la bañera./

Otros libros especialmente recomendados para niños y niñas sordos:

1. Colección «Así es la vida», Ed. La Galera:
   – *A Max no le gusta leer.*
   – *Lilí no se quiere acostar.*
   – *Lilí se enamora.*
   – *Max y Lilí tienen miedo.*
   – *Lilí se enfada con su amiga.*

2. Colección «El cerdito Wibbly», Ed. Timun Mas (figura 24).

Figura 24: *El cerdito Wibbly sabe bailar,* Mick Lukpen, Ed. Timun Mas

3. Colección «SM/Saber» (en catalán, Ed. Cruïlla):
   - *El sombrero mágico.*
   - *El más fuerte.*
   - *El ratón.*
   - *La selva.*
   - *Atlas de los animales.*
   - *La pirámide.*

4. Colección de cómics de «Las Tres mellizas», Ed. Planeta.

5. Algunos diccionarios infantiles, por ejemplo, *El gran libro de imágenes Teo*, de Timun Mas (figura 25), *Descubre las palabras. Mi primer vocabulario infantil,* de Timun Mas.

6. Libros con receta de cocina. *Mi primer libro de pastelería,* Ed. Molino.

Figura 25: *El gran libro de imágenes Teo,* Violeta Denou, Ed. Timun Mas

La adaptación de textos para niños sordos

Si los profesores quieren ampliar el material de lectura para sus alumnos, pueden recurrir a la adaptación de los textos de los libros comerciales ajustados a las capacidades lectoras del niño sordo.

La adaptación puede hacer referencia a la simplificación lingüística del texto y para ello deberá modificar el texto, o parte del texto, con el fin de que se ajuste a la estructura sintáctica, formas verbales... que el niño conozca y que haya trabajado anteriormente. Puede ser también conveniente incorporar mayor información visual a través de dibujos o gráficos o a través de la representación gráfica de signos que acompañan al texto escrito.

La adaptación del texto puede también ir encaminada a adecuar el léxico empleado en el libro; para ello el profesor dispone de varios medios:

1. Suprimir la palabra desconocida.
2. Si la palabra difícil es esencial para la comprensión del texto, no se deberá suprimir, sino que deberá ser destacada (colorear, subrayar...) e introducida en el programa de lenguaje. También, si es posible, la palabra en cuestión puede ser ilustrada con un sencillo dibujo.
3. Una maestra utilizaba un interesante sistema para conseguir la comprensión de la palabra difícil. Ésta estaba tapada por un dibujito que representaba la palabra, pegado sólo por la parte superior, de tal forma que el niño sordo después de leer y comprender la frase, levantaba el dibujito y se fijaba en la palabra difícil.
4. También puede cambiarse la palabra desconocida para el niño sordo por otra sinónima cuyo significado el niño conozca.
5. Si la palabra no resulta imprescindible para la comprensión del texto, pero queremos que entre a formar parte del vocabulario del niño sordo, puede guardarse entre paréntesis y en su lugar emplear una palabra sinónima.

En los niveles superiores, la simplificación de los textos escolares resulta más problemática ya que se puede caer en el error de la excesiva simplificación conceptual por lo que puede resultar más útil al profesor adecuar los textos mediante resúmenes, cuadros sinópticos, esquemas, diagramas, etc.

Conviene señalar que la adaptación de textos para niños sordos tiene sus detractores. Marchesi (1987) sintetiza los argumentos en los que se basaban estas críticas:

1. Los textos adaptados tienen un vocabulario demasiado reducido, por lo que son aburridos y repetitivos.
2. Los textos adaptados no respetan la riqueza del lenguaje ni la variedad de las estructuras narrativas.
3. Es muy difícil elaborar una serie de libros adaptados con una progresiva dificultad.
4. Los niños sordos deben ser capaces de leer la literatura habitual, por lo que no es conveniente adaptar los textos.

Sin embargo, teniendo en cuenta el grado de dificultad que experimentan los niños sordos al leer y el escaso nivel de comprensión que la mayoría suele alcanzar, parece necesario, sobre todo en los primeros niveles, adaptar sus textos. Para minimizar los inconvenientes que supone una adaptación del texto, deben tenerse en cuenta una serie de orientaciones, que el autor anteriormente citado resume en:

1. El texto debe ser interesante, motivador, especialmente en la primera etapa de la lectura. La utilización de cuentos y narraciones sencillas se configuran como los materiales más adecuados.
2. Es necesario incorporar todo tipo de información complementaria para favorecer la comprensión, como las ilustraciones y la representación gráfica de los signos.
3. La adaptación del texto debe tratar de evitar que existan muchas palabras nuevas o demasiado complejas para el nivel lingüístico del niño. Igualmente, debe hacer más sencilla la estructura lingüística del texto y clarificar la información demasiado compleja. Estas adaptaciones deben estar en función de los esquemas y conocimientos que el niño posee.
4. Los textos de carácter instruccional pueden incorporar preguntas y sugerencias que fuercen al alumno sordo a reflexionar sobre la información transmitida.

El empleo de ilustraciones y libros ilustrados para la lectura del niño sordo

Las ilustraciones tienen un papel principal en la educación del niño ya que no siempre se tiene a mano un objeto, en cambio es fácil tener este elemento en la reserva de ilustraciones.

En cuanto a su empleo para la lectura del niño sordo indicar, tal como nos señala Schmid (1980), que las imágenes no bastan para elaborar conceptos, por lo que padres y profesores deben actuar de forma sistemática para conseguir la formación de conceptos en el niño. La misma autora, tomando como ejemplo la palabra automóvil, nos ilustra de la metodología que se debe seguir:

1. Se nombra un automóvil determinado.
2. Todos los automóviles, incluso un camión, un automóvil deportivo, etc., se designan como automóviles.
3. También los automóviles de juguete.
4. Se muestran y nombran láminas de automóviles de distintos tamaños.
5. Se agrega la impresión auditiva.
6. En distintos libros de ilustraciones se buscan y se comentan todos los automóviles: «Aquí hay un automóvil».
7. Se comenta lo que hace un automóvil (el automóvil marcha).
8. Se comenta cómo es el automóvil: «El automóvil es ruidoso; el automóvil es grande; el automóvil es rojo».
9. Se comenta quién viaja en el automóvil: «El papá viaja en el automóvil; la mamá viaja en el automóvil», etc.

Gracias a las ilustraciones, el sentido de las palabras de la página se ve iluminado —su función básica es la de representación gráfica—, lo cual permite que el proceso de aprendizaje de la lectura sea más fácil, más rápido y más motivante.

Si se tiene en cuenta lo que acabamos de decir sobre el valor de las ilustraciones, éstas ofrecen un valioso material para la enseñanza del niño sordo. Pero para que su empleo sea óptimo, los padres y profesores deben poseer unos criterios a la hora de seleccionarlas:

1. Profusión de ilustraciones: tipo «cómic» o «tebeo» con viñetas con escaso texto al principio, para pasar luego a las historietas normales que hagan esforzarse al niño sordo en buscar el significado de las viñetas a través de la lectura del texto.
2. Las imágenes deben ser preferentemente de gran tamaño (810 cm).
3. Imágenes de colores alegres y naturales.
4. Las imágenes pequeñas en blanco y negro pueden también ser aceptadas.

5. Ilustraciones con personajes de facciones expresivas de su supuesto carácter y propósitos.
6. Que sean diseñadas de forma simple y lo más «reales» posible; lo óptimo es que las ilustraciones muestren objetos o animales cotidianos. También personajes que realizan acciones familiares y simples.
7. Que no sean escenas complicadas en las que haya muchos personajes u objetos. Es mejor mostrar cosas simples y, si es posible, una sola cosa por imagen en las primeras edades.

A los dos o tres años el niño ya empieza a escoger libros que ilustran una historia, prefiriendo historias donde existen sólo uno o dos personajes centrales. Si cuentan aventuras, que traten de una forma concreta los hechos cotidianos.

1. Las ilustraciones fantásticas o de hadas deben evitarse a menos que existan muchas imágenes explicativas.
2. No utilizar figuras confusas, mal delineadas o demasiado estilizadas. Deben rechazarse las imágenes sobrecargadas, imprecisas, con muchos detalles que enmascaran lo esencial.
3. Los objetos, imágenes e ideas deben ser asociadas por el niño inmediatamente, intentando formar conjuntos cada vez más amplios y complicados.

Dado el primordial papel que desempeñan las ilustraciones en la educación del niño sordo, los padres y profesores deben hacer gran acopio de este material mediante:

1. Libros seleccionados de todos los disponibles en el mercado.
2. Recortes de revistas y diarios.
3. Prospectos de viajes, propaganda comercial, catálogos...
4. Ilustraciones educativas existentes en el mercado.
5. Fotografías personales, familiares, de viajes, de vacaciones, de animales...
6. Dibujos realizados por el propio niño o adulto.
7. Creación de historietas ilustradas mediante dibujos que secuencien actividades realizadas por el propio niño (levantarse de la cama, lavarse, desayunar...).

Para evitar el deterioro de las ilustraciones, se pueden pegar sobre cartón fuerte. A veces será conveniente pegar una ilustración en cada cartón; otras, varias ilustraciones —agrupadas por analogía— en cada cartón. Para conservar las fotografías e ilustraciones, pueden estar fijadas a una página dura mediante esquineros engomados. Al no estar pegadas, pueden ser sacadas de las páginas para utilizarlas en otros ejercicios.

Por último, debemos reseñar la importancia de formar con las ilustraciones varios álbumes.

Los álbumes pueden estar formados por cuadernos de hojas sueltas sujetas con anillas con el fin de ir aumentando o sustituyendo las ilustraciones (caso de deterioro). Se recomienda que cada página tenga no más de 4 o 5 láminas de alrededor de 10 cm de dimensión, y que para cada tema especial se confeccione un álbum. Dichos álbumes podrían estar dedicados a los temas siguientes:

1. Vida familiar (miembros de la familia, animales familiares, camas, sillas, mesas, fotos de la casa, de la habitación del niño, de sus ropas...).
2. Actividades exteriores (mercado, frutas, verduras, botellas, automóviles, bicicletas...).
3. Verbos de acción (imagen de un niño que corre, otro que salta, que trepa...).
4. Animales, temas de higiene, oficios, etc.

Así pues, las ilustraciones, si no se convierten en mera decoración, tienen un valor fundamental en los materiales de lectura para niños, además de convertirse en un recurso imprescindible para desarrollar el lenguaje del niño o niña sordos.

8

Los alumnos sordociegos

La sordoceguera, según Gómez (2000), es una discapacidad que resulta de la combinación de dos deficiencias sensoriales (visual y auditiva) y que genera en las personas que la padecen problemas de comunicación singulares y necesidades especiales, debidas esencialmente a la dificultad de percibir globalmente, conocer, interesarse y desenvolverse en el entorno que los rodea.

No obstante, hay que remarcar, como señalan McInnes y Treffry (1988), que la sordoceguera no consiste simplemente en la suma de la ceguera y la sordera, sino que constituye una categoría única y distinta.

Algunos de estos niños o niñas con deficiencia multisensorial poseen restos auditivos y/o visuales que evidentemente deben ser estimulados. De hecho, pueden darse muchas categorías de sordociegos atendiendo a su grado de deficiencia sensorial. Van Uden establece nueve categorías, siendo las que reclaman mayor atención educativa las siguientes:

1. Niños totalmente ciegos y sordos profundos desde edades muy tempranas y que por lo tanto no tenían adquirido el lenguaje.
2. Niños sordos profundos antes de la adquisición del lenguaje y ciegos después de su adquisición.
3. Niños ciegos con sordera poslocutiva.

4. Niños ciegos y parcialmente sordos.
5. Niños ambliopes y sordos profundos.

La enseñanza del alumno sordociego presenta una gran complejidad ya que al ser un disminuido multisensorial, conlleva a que éste:

1. Carezca de la habilidad de comunicarse inteligiblemente con su entorno.
2. Perciba su mundo de forma distorsionada.
3. Carezca de la capacidad de prevenir sucesos futuros o el resultado de sus acciones.
4. Se vea privado de muchas de las motivaciones extrínsecas más básicas.
5. Tenga problemas médicos que pueden dar lugar a serios retrasos en el desarrollo.
6. Sea calificado equivocadamente como retrasado o perturbado emocionalmente.
7. Se vea forzado a desarrollar estilos de aprendizaje individuales para compensar sus múltiples deficiencias.
8. Tenga grandes dificultades para establecer y mantener relaciones interpersonales. (McInnes y Treffry, 1988.)

Sistemas de comunicación

A pesar de que algunos sordociegos pueden entendernos con la ayuda de un audífono, en general es preciso recurrir a sistemas alternativos para podernos comunicar con ellos. Dichos sistemas son muy variados, siendo los más importantes los siguientes (Álvarez y Leyton, 1995):

1. **Sistemas alfabéticos**

   a) Alfabeto manual o dactilológico
   Cada una de las letras del alfabeto se corresponde con una determinada posición de los dedos de la mano. Se trata del alfabeto manual utilizado por las personas sordas. Los signos, letra a letra, se realizan sobre el centro de la palma de la mano (véase la figura 26).

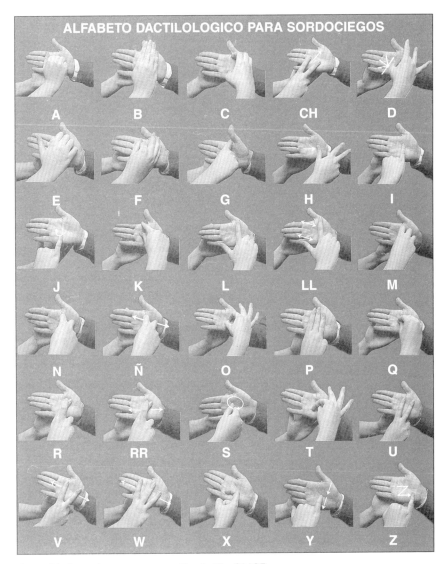

Figura 26: *Comunícate con nosotros*, Fundación ONCE

d) Sistema de escritura en letras mayúsculas.

Empleado cuando la persona sordociega conoce las letras mayúsculas del alfabeto ordinario. El modo de empleo es muy sencillo: con-

115

siste en coger la mano de nuestro interlocutor e ir escribiendo en su palma el mensaje que queremos transmitirle con letras mayúsculas.

c) Tablillas de comunicación. Fabricadas en plástico sólido representan en relieve las letras y los números correspondientes; en uno de los modelos, al alfabeto ordinario y en el otro, a los caracteres del sistema Braille (figura 27).

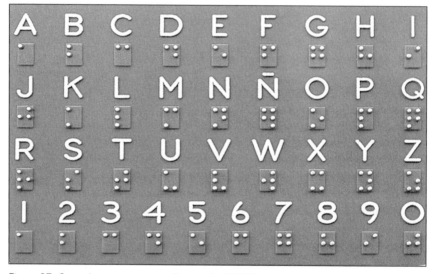

Figura 27: *Comunícate con nosotros,* Fundación ONCE

d) Medios técnicos. Aparatos con salida en Braille diseñados para comunicarse con los sordociegos. Algunos disponen de un teclado Braille, mientras que en otros es alfabético.

2. Sistemas no alfabéticos

a) El lenguaje de los signos. En el lenguaje de los signos, cada signo representa una palabra, una frase o una acción.

También podría añadirse en este apartado el sistema **Tadoma.** Consiste en la percepción táctil del habla (mano en la boca del interlocutor).

La elección de un sistema de comunicación para un niño o niña sordociegos, así como su grado de eficacia y eficiencia en su uso, dependerá de muchos factores, siendo los más determinantes los restos de visión y audición que posea y la edad de aparición de la discapacidad.

Las personas sordociegas que son socialmente sordas, en general eligen para su comunicación primeramente el lenguaje gestual y el dactilológico.

Si el sordociego presenta una visión residual importante, podrá beneficiarse de la lectura labial para recibir información de un interlocutor.

Si hay una visión residual aprovechable, será conveniente que use, con la mayor perfección posible, el lenguaje gestual. En caso contrario, podrá servirse del método gestual adaptado a la percepción del tacto.

Si la persona es ciega y de mayor le sobreviene la sordera, el sistema Braille será probablemente el método escogido para comunicarse.

Si es posible, es conveniente que la persona sordociega conozca y use varios métodos de comunicación, para poder subsanar dificultades que se puedan presentar en las diversas situaciones y ambientes de comunicación: conocimientos de sistemas de comunicación del interlocutor, ambientes ruidosos, con poca iluminación, etc.

Por el tipo de alteraciones que los alumnos sordociegos muestran, es comprensible que una de las áreas que se contemplen prioritariamente en la intervención educativa sea la de la comunicación y el lenguaje. Para que la comunicación y el lenguaje del niño y niña sordociegos puedan ser desarrollados al máximo hay que tener en cuenta los siguientes aspectos:

1. La comunicación precede al lenguaje y hay diferentes modos de comunicarse.
2. La interacción personal es el gran motivador de la comunicación y la interacción social el gran motivador del lenguaje.
3. La observación del comportamiento del niño, atendiendo a cualquier detalle que pueda ser entendido como comunicativo, y la consistencia en la respuesta del adulto son fundamentales para favorecer el desarrollo de la comunicación.
4. Un ambiente confortable y previsible ofrece seguridad y favorece la interacción.
5. Los intercambios comunicativos deben tener un ritmo que envuelva la participación de los interlocutores, propiciando la armonía y sincronización de las actuaciones.

117

6. En la medida en que el intercambio comunicativo está acompañado por una narrativa ajustada al contexto y a las características del niño, ésta facilita la significación, al tiempo que ofrece un modelo de lenguaje más amplio.

7. El niño debe ser entendido como un partícipe de la comunicación, que imita en la medida que es imitado y que necesita tiempo y sugerencias para ofrecer su respuesta o mensaje.

8. Cuanto mayor sea la frecuencia de exposición del niño a situaciones comunicativas gratas e interesantes (lo que implica compañeros competentes en la forma comunicativa más adecuada al niño), mayor posibilidad de que estructure su comunicación en un lenguaje.

9. La actividad cognitiva, comunicativa y lingüística son interdependientes.

10. La experiencia es la base esencial de los aprendizajes. Así, la adquisición del lenguaje se produce sin instrucción sistemática a través de la experiencia en diferentes contextos y con diferentes interlocutores válidos. (Gómez, 2000.)

El alumno sordociego realizará el aprendizaje de la lectura en Braille o en letra impresa.

En ocasiones, el libro en Braille será el único material de lectura posible, ya que el tacto se convierte en el medio principal, y a veces el único, de adquirir información.

Los materiales de lectura que se han señalado para los alumnos ciegos serán los más indicados para estos alumnos. Pero en otras ocasiones, la visión residual del alumno sordociego le permitirá leer la letra impresa con las debidas modificaciones, ya tratadas al hablar de libros para niños ambliopes.

Para aquellos casos en que por la escasa visión residual que posee el alumno sea muy difícil decidir si empieza a leer en letra impresa o en el sistema Braille, es preciso señalar que la valoración de una serie de factores tales como: capacidad para integrar sensaciones táctiles, capacidad de hacer las discriminaciones necesarias para la lectura Braille, inteligencia, grado de visión residual, etc., nos pueden ayudar a la hora de la elección. Es necesario recordar que si el alumno conoce los dos sistemas puede utilizar uno preferentemente y servirse del otro como complemento.

9

Los alumnos con discapacidades físicas

Un niño o niña tiene disminución física cuando, debido a un déficit anatómico o funcional permanente, no dispone de la total maniobralidad de su cuerpo, es decir, tiene unas restricciones o limitaciones en su actividad motora. La discapacidad física abarca todas las alteraciones o deficiencias orgánicas del aparato motor o de su funcionamiento que afectan al sistema óseo, articulaciones, nervios y/o músculos.

Existen diversos tipos de minusvalías físicas. En el listado siguiente, tomado de García (1992), puede verse una clasificación taxonómica de las más corrientes, según los tipos de extranormalidad o excepcionalidad:

1. Por problemas de salud
   – Cardiopatías.
   – Epilepsia.
   – Tuberculosis.
   – Diabetes.
   – Hemofilia.
   – Otras.

2. Por alteraciones motóricas

a) Anomalías congénitas o adquiridas
  – Sistema óseo.
  – Agenesias.
  – Espina bífida.
  – Amputaciones.
  – Escoliosis.
  – Otras.

b) Derivadas de enfermedades, infecciosas o no
  – Poliomielitis.
  – Distrofia muscular.
  – Artritis.
  – Otras.

c) Parálisis neurológica
  – Periférica (médula espinal).
  – Central (parálisis cerebral).

El grado de afectación motriz que puede padecer un niño o niña con discapacidad física varía mucho; va desde la torpeza hasta la imposibilidad de realizar cualquier movimiento por pequeño o simple que éste sea, por lo que sus necesidades educativas especiales también serán muy distintas.

Del mismo modo, el grupo de alumnos con discapacidades físicas que tengan lesiones puramente externas o articulares, ausencia de miembros o lesiones musculares de origen periférico, al padecer sólo una incapacidad de tipo físico, no tendrán excesivos problemas para integrarse en el aula ordinaria, y las modificaciones y adaptaciones que será necesario realizar serán mínimas. En cambio, el grupo de alumnos afectados por lesiones centrales de origen cerebral, tales como los paralíticos cerebrales, tendrán mayor dificultad para integrarse en el aula ordinaria ya que a menudo junto a su lesión primordialmente motriz suelen presentar otros trastornos, por lo que las modificaciones que será necesario efectuar, y las ayudas que precisarán, serán mayores y más específicas que las del grupo anterior.

Por todo ello vamos a dedicar una mayor atención a estudiar los problemas que presentan los niños y niñas con parálisis cerebral.

Los alumnos con parálisis cerebral

La parálisis cerebral es un daño causado al cerebro, que usualmente ocurre, antes, durante o después del parto. Siendo sus características principales, las siguientes:

1. Trastornos debidos a una lesión cerebral que interfiere en el desarrollo normal del niño o niña.
2. Afecta principalmente las funciones motrices: tono (contracción muscular en reposo), postura (equilibrio del sujeto) y movimiento (acción motora voluntaria).
3. La lesión no es evolutiva.

Existen múltiples clasificaciones de la parálisis cerebral. Atendiendo el criterio de la topografía del trastorno motor, la parálisis cerebral suele clasificarse en:

- Monoplejia: afectación de un solo miembro.
- Paraplejia: afectación de dos miembros, superiores o inferiores.
- Hemiplejia: afectación de una mitad del cuerpo.
- Diplejia: afectación indistinta de dos miembros cualesquiera.
- Tretraplejia: afectación de los cuatro miembros.

Según el principal trastorno motor, la parálisis cerebral se clasifica en:

1. Lesión de vía piramidal

   a) Espasticidad. Supone un incremento del tono muscular, en especial cuando se desean realizar movimientos voluntarios: el niño o niña está rígido. Se presentan contracciones involuntarias de las fibras musculares. El niño o la niña no pueden elegir sus movimientos: ejecutan aquellos que sus músculos espásticos les permiten.
   b) Hipotonía. Consiste en una disminución del tono muscular. Los movimientos son bastante normales en sí pero el niño o la niña no pueden mantener sus posturas: están «flojos».
   c) Flacidez: También existe una disminución del tono muscular.

2. Lesión extrapiramidal

   a) Atetosis. Los movimientos son amplios y difíciles de controlar: incoordinados. Los problemas más graves son el control de la cabeza, hablar y comer.

3. Lesión cerebelosa

   a) Ataxia. Experimentan dificultades o imposibilidad de coordinación de los movimientos voluntarios, con equilibrio muy pobre. Manifiestan poca habilidad para dirigir sus manos cuando las tienden hacia algo. (García,1999.)

Por lo que acabamos de decir, es fácil deducir que no hay dos alumnos paralíticos iguales y que el pronóstico y la evolución de cada niño y niña con parálisis cerebral dependerá de muchos factores, siendo los más significativos los siguientes (Ponces, 1993):

1. La magnitud y tipo de la lesión.
2. La calidad del resto de cerebro sano.
3. La calidad del metabolismo cerebral.
4. Las atenciones y la estimulación recibida.
5. El tratamiento recibido.
6. La precocidad con que sea correctamente atendido.

En general, los problemas, en sus distintos grados, que se suelen presentar, según Aguirregomozcorta (1993) son:

1. Dificultad para el desplazamiento

   a) Se puede desplazar con bastones o caminador.
   b) No puede subir escaleras.
   c) Precisa silla de ruedas normal.
   d) Precisa silla de ruedas eléctrica.
   e) Precisa silla de ruedas y acompañante.

2. Dificultad para la manipulación

a) Realiza prensión gruesa pero no puede realizar pinza fina para escribir con un mínimo de corrección.
b) No puede coger objetos ni atender sus necesidades en el vestir o en el aseo.

3. Dificultad para mantener la postura

a) Puede controlar la sedestación manteniendo la cabeza de forma adecuada para realizar un seguimiento visual.
b) Precisa molde de tronco o estabilizadores de la cabeza para mantener una actitud de atención correcta.
c) Sólo puede mantener la actitud un corto período aun con medios auxiliares.

4. Dificultad para la expresión verbal

a) Existe un componente disártrico importante pero el habla es inteligible.
b) La expresión es ininteligible.

No hay que olvidar que muchos niños y niñas con parálisis cerebral, además de la alteración motriz que los define, pueden presentar trastornos asociados, tales como:

– Deformidades articulares.
– Déficit neuropsicológico.
– Deficiencia mental en diferentes grados.
– Problemas oculares: nistagmus, estrabismo, reducción del campo visual, ambliopía, ceguera.
– Problemas auditivos: desde una ligera pérdida hasta la cofosis.
– Trastornos perceptivos visuales y auditivos.
– Crisis convulsivas, generalizadas o parciales.
– Problemas de conducta.

Estos trastornos pueden darse solos o de forma conjunta y con diferentes grados de severidad, configurando cuadros bien distintos.

Así pues, las dificultades que presentan los alumnos con parálisis cerebral pueden ser importantes y exigirán unas atenciones específicas para conseguir que el alumno alcance el máximo desarrollo de sus potencialidades. Según Ponces (1993), deben ir siempre encaminadas a:

1. Estimular el desarrollo
   – motor;
   – de las estructuras psicomotrices;
   – de la inteligencia;
   – del lenguaje;
   – de la autonomía personal;
   – mental y personal.

2. Disminuir
   – la patología motriz específica;
   – la pasividad;
   – la dependencia;
   – la baja tolerancia a la frustación;
   – las conductas estereotipadas.

3. Mejorar
   – las paresias o parálisis;
   – la habilidad manual;
   – las funciones respiratorias y digestivas;
   – las funciones visuales y auditivas;
   – los aprendizajes escolares;
   – el desarrollo corporal;
   – los intereses, motivaciones y habilidades sociales;
   – la capacidad para resolver los problemas cotidianos.

4. Evitar
   – las deformaciones;
   – las crisis epilépticas;
   – el deterioro psíquico y motriz;
   – el aislamiento social.

5. Obtener
   – el máximo nivel escolar y académico;

– el máximo nivel de independencia personal y social;
– la máxima capacitación laboral;
– el máximo nivel de integración social.

En el campo de la comunicación y el lenguaje, podemos decir que los alumnos con parálisis cerebral al no tener una adecuada respiración, emisión de voz y articulación de sonidos, pueden verse afectados en su lenguaje en diferentes grados: desde modificaciones pequeñas de articulación hasta ausencia total del habla. La afectación más frecuente es la disartria, que es la dificultad para la expresión oral, debido a los trastornos en la coordinación de los movimientos voluntarios o a la paralización de los músculos del aparato fonoarticulatorio.

En los casos graves de afectación de la comunicación, la intervención educativa pasa a menudo por ofrecer ayudas técnicas de comunicación, cuyas características pueden verse en el cuadro siguiente:

SISTEMAS DE COMUNICACIÓN	FORMAS DE ACCESO	INDICACIÓN	SALIDA	PRESTACIONES
Tableros de comunicación	Manual Varillas de señalizar Haz de luz Mirada	Selección directa Exploración o barrido Codificación mixta	Visual directa.	**Ayudas básicas** Aportan posibilidad de comunicación
Máquinas de escribir **Comunicadores electricos (reloj)**	Manual Punteros Adaptaciones: – mecánicas – eléctricas	Selección directa	Texto impreso Visual directa	**Ayudas técnicas sencillas** Aportan rapidez en la comunicación
Maquinas de escribir electronicas **Comunicadores Ordenadores.**	Manual Conmutadores: – acción mecánica – mioeléctrica – fotoeléctrica – neumática	Selección directa Exploración o barrido Codificación mixta	Texto impreso Indicador luminoso Pantalla Memoria Voz sintética	**Ayudas técnicas complejas** Aportan autonomía y distinto tratamiento del mensaje

Esquema 7: Ayudas técnicas a la comunicación (Puig y Sánchez, 1988)

Hay que destacar la enorme importancia del uso, si es posible, del orde-nador para facilitar el aprendizaje, como instrumento de acceso al currícu-lum y como medio de comunicación impulsando y enriqueciendo el diá-logo y la interacción. Actualmente existen muchas adaptaciones que permiten el uso de los ordenadores a personas con discapacidades físicas:

1. Adaptación en dispositivos de entrada

   – Modificación del teclado.
   – Teclados alternativos.
   – Conmutadores.
   – Emuladores de teclado, etc.

2. Salida

   – Síntesis de voz.
   – Control de voz.

Centrándonos en el campo de la lectura y de los libros para niños y niñas con discapacidades físicas, en ocasiones será preciso realizar una serie de modificaciones y facilitarles una serie de ayudas técnicas para que puedan acceder a la lectura:

1. Atriles para libros.
2. Topes de escritorios portátiles para sillas de ruedas.
3. El trabajo con libros puede suponer para el niño o niña con disminu-ción física una tarea dificultosa ya que a menudo son pesados y voluminosos y su utilización puede requerir mucho esfuerzo. El pro-fesor puede ofrecer al alumno tableros inclinados para aguantar los libros y en último término puede separar el libro en partes de manera que se pueda leer una historia, un capítulo o incluso una sola hoja; se recomienda, en el caso de ser una página de un libro de texto en el que el alumno debe trabajar, que se forre o proteja cada página con un papel transparente y adhesivo de forma que si lo desea pueda escribir y posteriormente borrar sobre ella.
4. También se plastifican las hojas de los libros para evitar que no se arruguen con la manipulación o que el babeo de algunos alumnos con parálisis cerebral mojen las páginas.

5. Para facilitar al alumno poder pasar las hojas de los libros de forma manual y autónoma, las hojas pueden ser más gruesas y rígidas. También se pueden pegar en los extremos de las hojas unos trozos de espuma que las dejan entreabiertas u otros materiales, como clips, bolitas… para que pueda hacer una buena prensión.

6. Pasapáginas. Los hay mecánicos que pueden operarse con la barbilla, codo, pie o cualquier otra parte corporal que el impedido físico pueda mover.

7. Tableros de comunicación para que pueda participar en la lectura de los cuentos: preguntando sobre personajes, respondiendo preguntas, etc.

Libros para alumnos con discapacidades físicas

Para los alumnos con discapacidades físicas se pueden emplear distintos tipos de libros, entre los que cabe destacar por su especificidad los siguientes:

1. *Libros con grandes caracteres.* Libros que al utilizar macrotipos y ampliaciones de ilustraciones son especialmente recomendados para el alumno con gran déficit ya que, al no poder sostener el libro, necesita leerlo a cierta distancia y los tipos de letra de los libros comunes no son adecuados.

2. *Libros parlantes.* Especialmente útiles para aquellos alumnos que no pueden sostener un libro. También cuando los métodos tradicionales resulten lentos y pesados físicamente para el niño. El empleo de libros parlantes le son de gran ayuda ya que es una manera fácil de adquirir conocimientos.

3. *Libros con sistemas aumentativos/alternativos de comunicación.* Son libros para niños con discapacidades físicas que por su dificultad para emitir lenguaje oral precisan, inicialmente, apoyar su comunicación con métodos aumentativos/alternativos. Se emplean símbolos de un sistema aumentativo/alternativo de comunicación, como el SPC (Símbolos Pictográficos para la Comunicación) o el sistema Bliss (sistema concebido por Charles Bliss con el propósito inicial de crear un lenguaje fácil de aprender y utilizar en la comunicación internacional. Emplea símbolos pictográficos, ideográficos y arbitrarios que tienen asignados significados convencionales y símbolos combinados).

Como sistema alternativo de comunicación no vocal, el más usado es el SPC por ser un sistema poco complejo —mucho más fácil de aprender que el Bliss—, los símbolos representan de forma clara la realidad y por qué para ser utilizado, el usuario necesita poseer muy pocas condiciones; entre ellas hay que hacer hincapié en las que se dan a continuación.

a) Que tenga un nivel simple de lenguaje expresivo. Esto supone que aunque el alumno posea un vocabulario limitado y emplee una estructura de frases cortas, ya es suficiente para utilizar el SPC.

b) Que tenga suficiente agudeza y percepción visual para diferenciar los símbolos.

c) Que posea unas habilidades cognitivas suficientes para reconocer dibujos, así como que tenga capacidad de almacenar información y estrategias para recordar.

El SPC se compone principalmente de dibujos simples. La palabra que simboliza cada dibujo está impresa encima del mismo. Algunas palabras no están dibujadas a causa de su significado abstracto y por lo tanto están simplemente impresas. Igualmente se incluyen el alfabeto, los números y espacios para colores.

Cada dibujo o palabra del SPC se presenta en tamaños de 2,5 cm y 5 cm para hacer su uso más flexible. Por ejemplo el de 5 cm será más adecuado para los alumnos con dificultades visuales, para los principiantes y para cuando el símbolo deba ser comentado en grupo. (Mayer, 1981.)

En España, actualmente, ya se dispone de libros editados con sistemas aumentativos/alternativos. Una serie de cuentos tradicionales que se han adaptado mediante la incorporación de los símbolos del sistema SPC:

– *La casita de chocolate,* MEC, Centro Nacional de Recursos para la Educación Especial, Madrid.

– *La Caperucita Roja,* MEC, Centro Nacional de Recursos para la Educación Especial, Madrid. (Adaptación de los textos: Ángeles Fierro y Mar Martín) (véase figura 28).

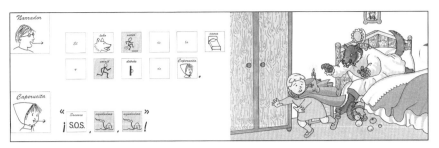

Figura 28: *La Caperucita Roja*

Los cuentos con pequeñas adaptaciones en el formato (encuadernación con espiral, tamaño 30×20 cm, hojas gruesas y plastificadas, con un corte semicircular en el extremo para facilitar el pase de página) están pensados para ser manejados e interpretados por un solo alumno aunque ofrecen también la posibilidad de ser utilizados en grupo con los beneficios que ello comporta. Pueden ser narrados por padres y profesores teniendo en cuenta la importancia de ir señalando el símbolo simultáneamente a la narración, con el fin de que el niño o niña vaya asociando cada símbolo a su significado.

También podemos citar otros títulos editados:

– *El patito feo*, Centro Obregón-Asprona, Valladolid.
– «Contes SPC» (en catalán y disponibles en Internet en la web de la Generalitat de Catalunya: www.xtec.es). Se trata de una colección de cinco cuentos originales: *La llegenda de Sant Jordi, Conte de Nadal, El Gegant del Guix, El globus* y *El carnaval del bosc,* que utilizan como lenguaje alternativo el SPC.

10

Los alumnos con retraso mental leve y los alumnos con capacidad intelectual límite

La Asociación Americana sobre Retraso Mental (AAMR) en el año 1992, definió el retraso mental en estos términos: «El retraso mental se refiere a limitaciones sustanciales del funcionamiento actual. Se caracteriza por el funcionamiento intelectual significativamente por debajo del promedio, el cual se presenta junto a limitaciones asociadas en dos o más de las siguientes áreas de habilidades adaptativas: comunicación, autocuidado, vida en el hogar, habilidades sociales, uso de recursos comunitarios, autodirección, salud y seguridad, habilidades académicas funcionales, ocio y trabajo. El retraso se presenta antes de los 18 años».

Atendiendo a este marco conceptual, para realizar un diagnóstico fiable del retraso mental, será preciso considerar los siguientes tres criterios:

1. *Nivel de funcionamiento intelectual.* Capacidad intelectual significativamente inferior al promedio, lo que se refiere a una puntuación típica aproximada de 70-75 en la evaluación del CI. Y dado que una puntuación CI puede entrañar un error de medida aproximadamente de 5 puntos, dependiendo del instrumento de evaluación, es posible diagnosticar retraso mental en individuos con puntuaciones CI situadas entre 71 y 75 si cuentan con déficit significativos de comportamiento adaptativo que cumplan los criterios de retraso mental.

2. *Nivel de habilidades adaptativas.* Limitaciones en por lo menos dos de las áreas siguientes de la conducta adaptativa (eficacia de la persona para satisfacer las exigencias planteadas para su edad y por su grupo cultural):

– Comunicación.
– Autocuidado.
– Vida en el hogar.
– Habilidades sociales.
– Uso de recursos comunitarios.
– Autodirección.
– Salud y seguridad.
– Habilidades académicas funcionales.
– Ocio y trabajo.

3. *La edad cronológica de aparición.* Inicio antes de los 18 años.

En el retraso mental pueden especificarse cuatro grados de intensidad de acuerdo con el nivel de insuficiencia intelectual: leve (o ligero), moderado, grave (o severo), y profundo:

1. Retraso mental leve: CI entre 50-55 y aproximadamente 70.
2. Retraso mental moderado: CI entre 35-40 y 50-55.
3. Retraso mental grave: CI entre 20-25 y 35-40.
4. Retraso mental profundo: CI inferior a 20 o 25.

Así pues, los alumnos con retraso mental leve serán aquellos que además de presentar limitaciones en algunas áreas de la conducta adaptativa, presentan un coeficiente intelectual entre 50 y aproximadamente 70.

Respecto al concepto de capacidad intelectual límite, para el DSM-IV dicho término describe un intervalo de CI superior al exigido en el retraso mental (generalmente 71-84).

Por esta razón, actualmente, los alumnos con capacidad intelectual límite no pueden ser catalogados como sujetos con retraso mental, cosa que se hacía en el pasado. Algunos autores los incluyen en la categoría de dificultades de aprendizaje.

En ocasiones, las diferencias entre alumnos con retraso mental leve y los de capacidad intelectual límite son mínimas y muy difíciles de establecer, requiriéndose una cuidadosa consideración de toda la información disponible para hacerlo de forma fiable. Además, piénsese que según los criterios diagnósticos que acabamos de citar, es posible detectar un retraso mental en sujetos con cocientes intelectuales situados entre 70 y 75, pero que manifiestan déficit significativos de su comportamiento adaptativo y, por el contrario, no se diagnosticaría retraso mental en un individuo con CI inferior a 70 que careciera de déficit o insuficiencias significativas en su capacidad adaptativa.

Tradicionalmente, a estos dos grupos de alumnos, los de capacidad intelectual límite y los alumnos con retraso mental leve, junto con los de retraso mental moderado, se los ha englobado bajo el término de alumnos lentos para aprender y se los ha descrito como alumnos con un aprendizaje no tan rápido y con una menor capacidad para aprovechar sus experiencias que la de sus compañeros de aula ordinaria y de su misma edad cronológica, como incapaces de hacer generalizaciones complicadas y generalmente incapaces de aprender materiales ocasionales sin instrucción, y finalmente, con una necesidad de instrucción muy sistematizada.

A efectos prácticos, dado que los principios de actuación educativa en general y los principios de enseñanza de la lectura en particular pueden ser válidos para todos ellos, tratamos en este mismo apartado del libro de forma conjunta estos dos grandes grupos de alumnos —los de capacidad intelectual límite y los alumnos con retraso mental leve— aun a sabiendas de que en algunas ocasiones pueden presentar diferencias significativas que exigirán del profesorado ciertos replanteamientos. Pero antes queremos apuntar brevemente, para una mayor información del profesorado, características diferenciales que se citan en la literatura científica, entre ambos grupos de alumnos:

Características del niño o niña con capacidad intelectual límite

1. Según Orem (1986) son niños que en el *aspecto intelectual y físico* tienen las siguientes desventajas:

   a) Desventajas:
   - menor vigor físico;
   - coordinación motriz pobre;
   - olvidan rápidamente;
   - escasa capacidad para abstraer;

- dificultad para comprender instrucciones;
- se confunden con facilidad;
- falta de interés y de atención;
- falta de capacidad para asociar y clasificar;
- los problemas nuevos y las tareas complicadas los confunden;
- incapaces de trabajar en forma independiente;
- falta del «sentido común» propio de la clase, tanto en lo social como en lo intelectual;
- dificultad en mantener el ritmo de la clase.

   b) Ventajas:
- respuestas sensoriomotrices y coordinadas de la mano y del ojo mejores que el sistema de respuestas simbólicas;
- aprendizaje más veloz de las experiencias concretas que de las abstractas;
- la manipulación de materiales les enseña más que la construcción misma.

2. En el aspecto *socioemocional*, también pueden señalarse una serie de desventajas y ventajas:

   a) Desventajas:
- se desaniman con facilidad;
- descargan físicamente sus emociones;
- utilizan la agresión para llamar la atención;
- sentimientos de rechazo de parte de los padres y de otros;
- carecen de confianza en sí mismos.

   b) Ventajas:
- imitan y siguen a otros;
- responden bien a la aceptación, alabanza y atención;
- se pueden adaptar socialmente bien a otros de su misma capacidad.

Características del niño con retraso mental leve

Son alumnos con un coeficiente intelectual entre 50 y aproximadamente 70. Para el DSM-IV (1995), el grupo de retraso mental leve incluye a la mayoría (alrededor del 85%) de las personas afectadas por el trastorno. Consideradas en su conjunto, tales personas suelen desarrollar habilidades sociales y de comunicación durante los años preescolares (0-5 años de edad), tienen insuficiencias mínimas en las áreas sensoriomotoras y con frecuencia no son distinguibles de otros niños sin retraso mental hasta edades posteriores. Durante los últimos años de su adolescencia pueden adquirir conocimientos académicos que los sitúan aproximadamente en un sexto curso de enseñanza básica. Durante su vida adulta, acostumbran adquirir habilidades sociales y laborales adecuadas para una autonomía mínima, pero pueden necesitar supervisión, orientación y asistencia, especialmente en situaciones de estrés social o económico desusado. Contando con apoyos adecuados, los sujetos con retraso mental leve acostumbran a vivir satisfactoriamente en la comunidad, sea independientemente, sea en establecimientos supervisados.

Pautas para favorecer su evolución

Para poder intervenir eficazmente con los alumnos de capacidad intelectual límite y con los alumnos con retraso mental leve se pueden seguir las recomendaciones que nos dan para su enseñanza, Burns, Roe y Ross (1984), atendiendo a sus características más relevantes:

1. Ante su poca capacidad de atención:
   Programar actividades variadas y rápidas y que puedan realizarse en un período corto. Programar objetivos a corto plazo que permitan que el estudiante lento pueda conseguirlos con éxito.

2. Ante la necesidad de una supervisión cuidadosa:
   Dar instrucciones individualmente o en pequeños grupos, ofreciendo frecuentes proyectos de evaluación, refuerzo y aliento.

3. Ante la necesidad de un aprendizaje concreto más que de un aprendizaje abstracto:
   Las nuevas palabras que debe adquirir deberían ser aprendidas a través de asociaciones con objetos concretos o fotografías. Los nuevos conceptos deberían ser experimentados directamente o «vicariamente» (viajes, películas, simulaciones y juegos de interpretación).

4. Ante su bajo concepto:

Ofrecer oportunidades para que el niño trabaje como parte de la totalidad de la clase, remarcando sus pequeños éxitos y utilizando materiales de progresiva dificultad. El medio no debe ser nunca intimidador.

5. Ante su pobre desarrollo del lenguaje:

Proporcionar oportunidades para que puedan escuchar historias favoreciendo su respuesta oral. Establecer un tiempo para que compartan experiencias y participen en discusiones con sus compañeros.

6. Ante su alto nivel de distracción:

Establecer horarios y «rutinas» evitando las interrupciones y las distracciones.

7. Ante su memoria a corto plazo:

Procurar que los ejercicios básicos y las nuevas palabras sean aprendidas a través de prácticas frecuentes. La repetición y la revisión son siempre necesarias.

En el campo concreto del aprendizaje de la lectura, Breuckner y Bond (1975) señalan en estos alumnos, especialmente en los de capacidad intelectual límite, las siguientes características y principios que hay que tener en cuenta:

1. Gustan del trabajo reiterativo y con ellos resulta muy eficaz la ejercitación y adiestramiento, en nuestro caso la relectura.
2. Carecen de iniciativa y, por tanto, necesitan instrucciones muy detalladas y una dirección inmediata de su trabajo.
3. La finalidad de sus tareas lectoras debe ser claramente establecida y de alcance limitado.
4. Necesitan mucha ayuda en la planificación de sus actividades.
5. Son fácilmente presa del desaliento en la lectura. Por consiguiente, los materiales deben ser muy fáciles para mantener su conciencia de progreso. Nunca deben leer con varios propósitos al mismo tiempo.
6. No son capaces de razonamiento abstracto, necesario para leer críticamente o valorar o interpretar lo leído más allá de la pura literalidad del texto.

Estrategias para prepararlos para la lectura

Atendiendo a estas características, los principios que según los autores antes mencionados deben seguirse en la enseñanza de la lectura son los siguientes:

1. El comienzo de la instrucción lectora debe demorarse hasta que el escolar haya alcanzado el nivel mínimo de madurez y preparación para hacer frente a las exigencias del aprendizaje. Ello no supone que deba esperarse a que el alumno logre una determinada edad mental, sino que implica que el período de preparación discente puede ser más prolongado para estos niños. Es más, nosotros somos partidarios de empezar el proceso de lectura lo antes posible, por lo que defendemos los postulados de la lectura temprana.

   Para su preparación se han ideado diversas estrategias metodológicas, aunque particularmente somos de la opinión de que no hay mejor preparación para la lectura que poner al alumno delante de material impreso significativo y hacer prácticas lectoras adecuadas a su interés y capacidades. Seguidamente señalaremos las utilizadas por Santana y Torres (1987):

   a) Para preparar a los niños para la lectura

   - Juegos con círculos y puntos trabajando de izquierda a derecha.
   - Juegos con líneas de izquierda a derecha.
   - Juegos para completar figuras, trabajando de izquierda a derecha.
   - Juegos con líneas y círculos pasando de una línea a otra.
   - Trabajos con láminas o dibujos de figuras geométricas.
   - Buscar, subrayar o colorear la palabra, la letra o el dibujo que sean distintos.
   - Subrayar las palabras que empiezan igual.
   - Parear palabras con su forma o retrato.
   - Dibujar una línea entre las figuras que tienen relación.
   - Dibujar escenas de un cuento narrado.
   - Seleccionar todas las láminas y dibujos que pertenecen a un cuento.
   - Parear láminas con palabras.

b) Para el dominio de la mecánica de la lectura usando claves de reconocimiento

- Ejercicios para el reconocimiento de las palabras básicas haciendo uso de diversos artificios: bingo, dominó, tarjetas, juegos de ruleta, de la escalera, del reloj, etc.
- Parear palabras iguales.
- Subrayar la palabra que es distinta.
- Completar oraciones cuando se dan tres alternativas.
- Dibujar lo que la palabra sugiere.
- Completar oraciones con palabras en tarjetas.
- Rotular láminas.
- Buscar palabras con determinada dificultad fonética.
- Escribir palabras añadiendo la sílaba que les falta.
- Completar palabras añadiendo la sílaba que les falta.
- Buscar palabras cortas dentro de otras.
- Copiar una lista de palabras que empiezan o terminan con la misma sílaba y subrayar lo que tienen en común.
- Formar palabras con distintas sílabas (proveyéndolos de cartoncitos con sílabas).

En las etapas iniciales de lectura —especialmente con los alumnos con retraso mental leve y con dificultades de aprendizaje importantes, con el fin de que todos puedan, por lo menos leer de una forma significativa— se han empleado en el extranjero materiales de lectura que combinan palabras con símbolos. Tal es el caso del Peabody Rebus Reading Program que tiene como finalidad simplificar los niveles iniciales de lectura con el uso de símbolos Rebus (figura 29). Los símbolos Rebus (del latín «cosa») compilados en el Standard Glossary (Clark, Davis y Woodcock,1974) muestran palabras enteras o partes de palabras. Así , la figura de la página siguiente nos muestra un ejemplo.

Con la misma finalidad, la de conseguir que el niño lea frases significativas desde los inicios de su aprendizaje, se pueden emplear frases compuestas por las palabras que el niño ya conoce y dibujos o fotografías disponibles en el mercado, sobre verbos de acción, por ejemplo. De este modo, al sustituir por un dibujo las palabras difíciles de leer o desconocidas por el niño,

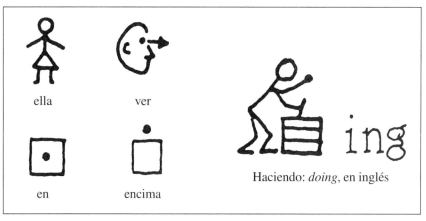

Figura 29: Ejemplo de símbolos Rebus. Standard Glossary (Clark, David y Woodcock, 1974)

éste puede leer sin dificultad toda una frase con sentido desde el inicio de su aprendizaje de la lectura.

2. Su capacidad lectora se desarrolla prácticamente en la misma forma que la del niño de aula ordinaria, pero con un ritmo más lento.
3. El material de lectura debe estar cuidadosamente controlado, con un incremento gradual de vocabulario.
4. Necesita más repasos y revisiones de las palabras.
5. Las actividades que ha de realizar deben serle explicadas con más detalle y en la forma más simple, asegurándose de que el niño ha comprendido lo que tiene que hacer.
6. El contenido del texto debe ilustrarse con ejemplos muy concretos o con la propia realidad.
7. La lectura debe hacerse en función de objetivos relativamente próximos.
8. Cada relectura debe hacerse con propósitos diferentes. Dado que el niño lento no puede leer con varios propósitos a la vez y no le cansa releer, ya que le permite revisar las ideas de la narración, comprenderlas mejor y consolidar su vocabulario, se puede utilizar dicha circunstancia para hacerle leer cada una de las veces con un objetivo determinado: buscar un hecho principal, un hecho secundario, justificar un determinado comportamiento, resumir la historia...

9. Necesita más experiencia y más inmediata dirección para descubrir las características visuales o auditivas de las palabras. Por tanto, deben intensificarse los ejercicios de análisis de palabras y la pronunciación de sus elementos siempre y cuando dichos ejercicios no dificulten la comprensión, objetivo último de la lectura.
10. Debe incrementarse la utilización de la lectura oral. El pronunciar las palabras mientras lee puede ayudarle a comprender mejor las palabras que le resultan difíciles.
11. Es muy recomendable la realización de actividades manuales y motoras en conexión con la lectura. Así, la dramatización del relato leído, la construcción de un modelo en miniatura o de una maqueta (una casa o una granja) con las características señaladas en la lectura, son actividades muy importantes para asegurar su comprensión, ya que estos alumnos aprenden mucho mejor manejando y manipulando cosas concretas.

Otros principios para la enseñanza de la lectura nos los dan Kirk *et al.* (1978):

1. Buscar un alumno que ayude individualmente al que tiene más dificultades en lectura. El profesor ha de crear oportunidades para que estos niños con problemas de lectura puedan destacar en otras tareas.
2. Se ha de ayudar al niño a que desarrolle métodos eficientes de reconocimiento de palabras mediante claves contextuales, pistas fonéticas, silábicas, análisis estructural.
3. Proporcionar libros con reducido vocabulario, pero con contenidos similares a los usados por el resto de la clase.
4. Potenciar las actividades que aumenten el vocabulario, la comprensión lectora y, en general, la eficiencia lectora.
5. Potenciar la lectura libre y recreativa, proporcionando al alumno libros interesantes con vocabulario reducido.

No debe olvidarse que el objetivo último de la lectura es la comprensión de lo leído. De nada nos sirve que el alumno sepa descifrar los textos sin comprender lo allí explicado, ya que entonces la lectura se convierte en una actividad mecánica sin ningún valor. El profesor debe atender desde un principio este importante aspecto.

De todas las características anteriormente citadas se desprende la necesidad de que los alumnos de capacidad intelectual límite y los alumnos con retraso mental leve lleguen por lo menos a dominar una lectura funcional. Eso supone que el profesor deberá atender aquellas destrezas lectoras que permitan a estos estudiantes resolver los numerosos problemas de lectura que la vida diaria plantea y conseguir de esta forma que obtengan una mayor autonomía personal. En este sentido, es interesante conocer las tareas más importantes de lectura que la gente actualmente utiliza en la vida diaria y que fueron halladas por Murphy (1975) después de una extensa investigación en la que se utilizó un servicio nacional de 5.073 personas para determinarlas. Éstas son, por orden de importancia, las que se citan a continuación:

1. Información de precios, pesos y medidas.
2. Señales de la calle y de tráfico.
3. Noticias generales de los periódicos.
4. Escritos en paquetes y etiquetas.
5. Lectura de manuales de instrucción.
6. Escritos de formularios, solicitudes.
7. Exámenes, pruebas escritas, tests.
8. Cartas, notas, documentos.
9. Orden de pedidos, formularios.
10. Noticias locales de periódicos.
11. Documentos y circulares escolares.
12. Facturas y estados de cuentas.

Para la enseñanza de esta lectura funcional, el profesor deberá utilizar una gran variedad de materiales impresos presentes en la vida corriente, como son:

– etiquetas de productos comerciales;
– formularios;
– catálogos;
– diarios y revistas;
– listines de teléfonos;
– horarios de televisión; cine, teatro...
– horarios de transportes;
– recetas de cocina;

- mapas, planos...
- manuales;
- reproducciones de rótulos (bar, restaurante, metro, farmacia...)
- reproducciones de avisos (cerrado, salida, peligro...), etc.

Este material debe estar siempre disponible y al alcance del niño, trabajando con él en situaciones prácticas, tales como:

1. Tu hermano se encuentra enfermo, ¿a qué número de teléfono tendrás que llamar para pedir ayuda? Consulta el listín de teléfonos.
2. Consultando un horario de televisión, mira a qué hora hacen una película que sea de tu agrado.
3. Lee un menú y pide una comida, descubre cuánto costará.
4. Siguiendo una receta de cocina, haz un pastel.
5. Siguiendo un plano de tu ciudad, localiza dónde está tu colegio.
6. Elige una revista que te gustaría recibir y rellena el formulario de petición.
7. De esta serie de etiquetas comerciales, selecciona las que sean de un mismo producto, etc. (Burns *et al*, 1984.)

Creando estas situaciones prácticas, el niño no sólo ejercita los esquemas de lectura aprendidos sino que se da cuenta de la importancia que la lectura tiene.

Hay que decir que, actualmente, la intervención educativa precoz, la pronta escolarización en escuelas ordinarias de estos alumnos, una preparación mayor y unas expectativas altas de los profesores que los atienden, han logrado que muchos de ellos, en especial los alumnos con retraso mental leve, hayan alcanzado unos niveles muy altos en todos los campos respecto a los que llegaban tradicionalmente, y que invalidan algunas de las características antes citadas.

Libros ilustrados

La función principal de la imagen en los inicios de la lectura es hacer más atractivo el libro, además de permitir al adulto relatar al niño una bonita historia valiéndose de su ayuda. Más tarde, la imagen que acompaña al texto tiene como misión fundamental apoyar, aclarar o añadir información al mensaje. Las ilustraciones constituyen a modo de conocimiento un escalón más abstracto que los objetos haciendo las veces de pasaje entre el objeto y la idea.

Por otra parte, el primer lenguaje que le llega al niño antes que el de las letras es el de las ilustraciones, que pronto sabe interpretar, por lo que, al principio, se hace necesario presentar el material de lectura con muchas imágenes (figura 30).

Figura 30: *El gran libro de imágenes Teo*, Violeta Denou, Ed. Timun Mas

En el caso de los niños con retraso mental, hay que asegurarse de que poseen la suficiente comprensión simbólica para reconocer imágenes; en caso contrario, se recomiendan en una primera fase los juegos clasificatorios de objetos concretos, seguidamente la clasificación de objetos con sus imágenes y finalmente las ilustraciones.

Cuando el niño no sólo reconoce las ilustraciones sino que las entiende como representación de objetos, puede pasarse a trabajar con láminas. Según Hesse (1986): «Para la confección de estas láminas de ejercitación es beneficioso usar hojas tamaño A4 según normas DIN, que enfundadas en cubiertas de plástico se guardarán en una carpeta de aros. La agrupación de las ilustraciones se puede realizar según áreas temáticas, como, por ejemplo, juguetes, vestimentas, productos alimenticios, muebles, herramientas, etc. En un principio se pegan sobre una cara solamente dos imágenes, arriba a la izquierda y abajo a la derecha: cuando estas ilustraciones pueden ser distinguidas se completa la hoja pegando una ilustración arriba a la derecha y otra abajo a la izquierda; luego se adjuntan dos ilustraciones más al centro. Más de seis ilustraciones por página conducen a confusión».

Además de las ilustraciones que uno puede confeccionarse atendiendo los intereses de los niños y los objetivos que persigue, existen en el mercado abundantes libros ilustrados sobre unidades temáticas: vestidos, frutas, juguetes... con una ilustración por página, que también el profesor puede utilizar provechosamente.

El trabajo con estas ilustraciones se realiza a través de preguntas del profesor o padre a las que el niño contestará señalando, en un primer momento, la ilustración.

Aunque en un principio se pueden utilizar ilustraciones que representen un solo objeto por página, no recomendamos su uso durante mucho tiempo, ya que no debe olvidarse que es mucho más motivante para el niño que las ilustraciones, pocas y bien delineadas, conformen una escena significativa. El paso siguiente será, pues, la utilización de bonitos libros con ilustraciones sin texto, ya que éstas llevan al niño hacia las cosas dibujadas sobre el papel y, por lo tanto, lo preparan para la lectura.

Destacar que las ilustraciones forman parte de uno de los instrumentos del Programa de Enriquecimiento Instrumental de Feuerstein (1980) cuya finalidad es cambiar la estructura cognitiva del individuo con retraso. Los objetivos que persigue con el uso de las ilustraciones son:

1. Analizar ilustraciones con el fin de definir el problema presentado.
2. Percibir las transformaciones que ocurren de un cuadro a otro y discutir las razones del cambio.
3. Decodificar la información presentada a través de las modalidades pictórica y simbólica y asignarle significado.
4. Extrapolar la información obtenida de las ilustraciones por medio de la integración de la información presentada en los diferentes cuadros.
5. Estimular la expresión oral.

Las funciones cognitivas que trabaja son las siguientes:

1. En la fase de entrada:

   a) Percepción clara de los detalles dentro del cuadro y de las transformaciones que en él ocurren.

b) Exploración sistemática (cuadro por cuadro) de la información suministrada.

c) Uso de conceptos temporales y espaciales y referentes para describir objetos y hechos.

d) Conservación de elementos a través de las transformaciones que ocurren cuadro a cuadro.

e) Uso de diversas fuentes de información simultánea.

2. En la fase de elaboración:

a) Definición del problema que se ha de inferir.

b) Uso de sugerencias pertinentes como base para la inferencia.

c) Uso de comportamiento comparativo en la búsqueda de parecidos y diferencias entre los cuadros, como también entre objetos y sucesos dentro de cada cuadro.

d) Uso de conducta sumativa.

e) Pensamiento hipotético y uso de evidencia lógica para apoyar conclusiones.

f) Deducir relaciones entre individuos, objetos y hechos mostrados en la ilustración.

3. En la fase de salida:

a) Reducción del egocentrismo en percibir la misma situación desde el punto de vista de los otros.

b) Uso del transporte visual.

c) Proyección de relaciones virtuales. (Gallifa, 1990.)

Posteriormente, se utilizarán libros ilustrados que vayan incorporando texto progresivamente. La combinación de texto-imagen da la posibilidad de la doble codificación del mensaje: simbólico verbal y gráfico-icónico.

Así, la secuencia completa a seguir será la siguiente:

1. Ilustraciones aisladas.

2. Escritos cortos al pie de las imágenes. Del 50 al 70 % del volumen total lo llenarán las imágenes.

3. Equilibrio entre imágenes y texto. Las imágenes ocuparán el 50 % de cada libro y serán preferentemente grandes (es mejor pocas y grandes que muchas y pequeñas).

4. Predominio del texto sobre las imágenes. Para el tercer y cuarto año escolar, las ilustraciones formarán sólo un 25 % aproximadamente de cada libro.

En la realización de los materiales impresos han de tenerse en cuenta los siguientes principios relativos a la ilustración:

1. La elección de la imagen ha de realizarse en función del método que siga el material y del tema concreto al que acompañe más que del valor estético de la misma.

2. La secuencia de imágenes debe seguir un orden lógico de disposición que favorezca la progresiva adquisición de los conocimientos.

3. Si la ilustración se utiliza para iniciar un tema y atraer la atención del lector sobre el mismo, la realización deberá destacar al máximo la imagen. El impacto de una imagen será mayor cuanto mayor sea su tamaño y hayan sido utilizados más colores. También dependerá del tratamiento dado a los márgenes en su contraste con la imagen. (García, 1983.)

Por otra parte, las imágenes, tanto si son consideradas como representación o como soporte comunicativo del universo perceptivo, deben cumplir una serie de cualidades que, según Fernández Huerta (1983), son:

1. La iconicidad o grado de semejanza entre el significante y el significado.

2. La figuratividad o exactitud fotográfica de la imagen.

3. La complejidad, que viene dada por la densidad y organización de datos en la imagen pura.

4. Las dimensiones

5. La calidad, influida directamente por la nitidez, vivacidad, contraste y rango o proximidad del plano.

6. La seriación y secuenciación.

7. La familiaridad de las imágenes con las experiencias del receptor.

El valor de la imagen en educación viene dado, además de las ya señaladas, por las siguientes razones:

1. Por la enorme potencialidad didáctica que poseen las imágenes. Según Rodríguez Diéguez (1978), se pueden señalar hasta siete funciones didácticas de la imagen:

   a) Motivadora.
   b) Vicarial.
   c) Catalización de experiencias.
   d) Explicativa.
   e) Informativa.
   f) Facilitación redundante.
   g) Estética.

2. Porque en principio, todo libro impreso ilustrado es más atractivo y estimulante que otro en el que todo sea texto.
   Pero, para que las ilustraciones conserven todo su valor, deben cumplir una serie de condiciones:

   a) Que representen con fidelidad el texto escrito.
   b) Que estén lo más cerca posible del texto, complementándolo.
   c) Que no interfieran el texto. No debe imprimirse el texto encima de las ilustraciones.
   d) Que describan situaciones que de otra forma requerirían muchas palabras.
   e) Que las imágenes sean de gran tamaño.
   f) Que estén diseñadas de forma simple y lo más «reales» posible con colores alegres y naturales.
   g) Que no utilicen figuras confusas, mal delineadas o estilizadas.
   h) Que las ilustraciones tengan un encadenamiento lógico fácilmente comprensible.
   i) Que no se empleen dibujos simplificados, caricaturas o dibujos grotescos.
   j) Que no se utilicen imágenes fantásticas de hadas o animales hasta los cinco años de edad aproximadamente.
   k) Que los objetos dibujados guarden las debidas proporciones y conserven el mismo tamaño en todo el libro.
   l) Que se empleen ilustraciones de cosas y actividades que interesen a estos niños. Son útiles especialmente cuando describen objetos reales.

Como conclusión diremos que los libros ilustrados confeccionados o seleccionados correctamente son aptos para la mayoría de los niños con necesidades especiales, y también para aquellos que presentan un retraso en el habla y el lenguaje.

Libros fáciles de leer

Los libros fáciles de leer son adecuados para la mayoría de los alumnos con necesidades especiales dado que es del todo evidente que un libro divertido, interesante y fácil de leer fomenta el interés por la lectura.

De entre los factores que hacen que un libro sea considerado como fácil de leer, destacaremos la legibilidad y la lecturabilidad.

A. La legibilidad

La legibilidad hace referencia a las características formales de un texto: tipos de letras, ancho de línea, interlineación, márgenes de la hoja... que facilitan su lectura. Una legibilidad óptima se consigue con unos efectos tipográficos en los cuales los caracteres de las letras, la forma distintiva de las palabras, el tamaño de los tipos, ancho de línea y la interlineación se combinan para permitir una lectura fácil, precisa y rápida.

De las investigaciones realizadas en este campo (Bisquerra, 1980) entresacamos las siguientes conclusiones:

1. La anchura de la línea puede oscilar de 13 a 29 cíceros, siendo preferible de 16 a 25 (de 7 a 11 cm).
2. Las letras minúsculas son más legibles que todos los demás tipos.
3. En textos para niños se recomiendan las siguientes características:

Primer grado
Tamaño del tipo: 14-18 puntos (56,5 mm aproximadamente).
Interlineación: 6-8 puntos.
Ancho de línea: 19 cíceros aproximadamente.

Segundo grado
Tamaño del tipo: 14-16 puntos.

Interlineación: 5-6 puntos.
Ancho de línea: 20-22 picas.

Tercer grado
Tamaño del tipo: 12-14 puntos.
Interlineación: 3-4 puntos.
Ancho de línea: 20-24 picas.

Cuarto grado
Tamaño del tipo: 12-14 puntos.
Interlineación: 34 puntos.
Ancho de línea: 20-24 picas.

Quinto grado
Tamaño del tipo: 10-12 (mejor 12).
Interlineación: 34 puntos.
Ancho de línea: 18-26 picas.

Nota:
1 punto: 0,352 mm
1 cícero: 4,512 mm
1 pica: 4,21 mm

4. Letras negras sobre fondo blanco es la combinación más adecuada de colores (figura 31).

Cuando hace sol,
a Kiper le encanta
ir a la playa con su
amigo, Tigre.

Figura 31: *¡Cómo brilla el sol, Kiper!,* Mick Lukpen, Ed. Timun Mas

149

5. La mejor calidad de papel es el mate y opaco. El brillante, satinado y couché fatigan la vista y retrasan la velocidad lectora. Debe ser opaco para no transparentar lo que está escrito en el reverso de la hoja.
6. Hay que dejar márgenes adecuados. El texto impreso no debe ocupar la curvatura central en los libros gruesos.

Se podría añadir:

7. Espacios entre palabras: menos de 7 años, 3 mm como mínimo. Adultos, 2 mm como mínimo.
8. Espacios entre letras: menos de 7 años, 0,75 mm. Más de 8 años, 0,50 mm.
9. Número de letras por línea: menos de 7 años, 30. Más de 12 años, 60.

Para Tordis Orjasaeter (1981), las condiciones que debe poseer un libro para que resulte fácil de leer son las siguientes: «Las líneas deben ser cortas y, preferentemente, no tener más de diez centímetros. Las letras deben ser relativamente grandes, pero no hasta el punto de que cada una de ellas destaque aisladamente. Se deben evitar los caracteres góticos o de fantasía. Debe haber una gran distancia entre las palabras, pero sin llegar al extremo de que cada una de ellas esté muy separada de las demás. Análogamente, el espacio entre las líneas debe ser generoso, pero no tanto que se pierda la coherencia entre las líneas de una página. El papel debe contrastar claramente con los caracteres negros; el papel ligeramente amarillento o blancuzco da buenos resultados, al paso que un papel absolutamente blanco o satinado deslumbra y resulta desagradable de mirar. Es muy importante que el papel no tenga una estructura demasiado fina o suelta. El libro no debe tener un tamaño tal que resulte abrumador. El texto debe estar dividido en capítulos relativamente cortos, y éstos en párrafos, para que el lector pueda hacer muchas pausas».

B. La lecturabilidad

La lecturabilidad se refiere a la posibilidad de que los términos empleados en el texto y su estructura sintáctica interesen comprensiblemente a los lectores (Fernández Huerta, 1959). Hace referencia a aspectos tales como el tipo de vocabulario que se escoge, las palabras que ha de tener como máximo una frase, el tipo de construcción sintáctica que se aplique, etc.

López Rodríguez (1982) deduce las siguientes reglas a partir de las investigaciones realizadas en este campo:

1. Las palabras más frecuentes son al mismo tiempo las más cortas, las más antiguas, las más simples en el campo morfológico, las que poseen mayor extensión semántica, una polisemia más importante. Estas palabras se perciben más rápidamente que las palabras raras y largas y se leen también más deprisa.

2. El carácter polisémico de un palabra, su uso para significaciones nuevas, no entorpece el proceso de lectura. La significación de una palabra le viene definida al lector en función del contexto lingüístico de las frases en que figura.

3. El carácter afectivo de las palabras, los vínculos más o menos fuertes y directos entre cada palabra y el lector, actúan sobre su atención y memorización.

4. Importancia de las palabras redundantes dentro de un texto. Entre ellas tenemos:

   a) Las palabras cuya repetición constituye un factor útil para la comprensión y memorización de textos, deben mantenerse y aconsejarse.

   b) Las palabras instrumentales (o funcionales), inútiles o poco útiles, constituyen factores positivos para la memorización de los textos.

   c) Las palabras con función estética deben mantenerse porque aportan información de otra naturaleza (estética) y porque estimulan el interés o la afectividad de los lectores. Sólo las palabras redundantes que constituyen la llamada «expresión desleída o difusa» deben evitarse.

5. El modo de construcción de una frase es tanto o más importante que su longitud; pero, evidentemente, cuanto más corta es una frase más simple es su estructura y más posibilidades tiene de ser correctamente memorizada.

   En este sentido es importante tener en cuenta que:

   a) la longitud de una frase simple (o de cada subfrase de una frase compleja) debe ser inferior o al menos igual a la capacidad de memorización de su lector;

b) la «pantalla lingüística» (es decir, el número de palabras intercaladas) que separa dos palabras dependientes una de otra debe ser inferior o al menos igual a la capacidad retentiva del lector.

6. Las palabras situadas al final de una frase son las menos retenidas, estadísticamente hablando. Este hecho está motivado por la limitada capacidad de la memoria inmediata para retener todas las palabras de cada una de las frases del texto.

Es interesante para completar este punto, señalar las normas que se consideran básicas para que la comunicación sea lo más eficaz posible. Richadeau (1976) nos da lo que él llama «los ocho mandamientos del emisor que maneja bien las palabras»:

1. Utilizar, a poder ser, las palabras más sencillas, más breves y corrientes.
2. De entre las últimas, dar preferencia a las palabras «personales», vivas y concretas.
3. Eso no obstante, puede darse el caso de tener que emplear palabras poco usuales con el fin de lograr una mayor claridad y precisión en el mensaje que se ha de transmitir; en tal caso, definir esas palabras, comentarlas, o, mejor aún, iluminarlas con algunos ejemplos.
4. Acomodar el grado de redundancia del mensaje en función de la naturaleza de su destinatario y del canal de la comunicación.
5. Cuánto más reducido sea el nivel cultural de ese destinatario, tanto más se debe repetir, bien directamente (repitiendo palabras), bien de forma indirecta (perífrasis, metáforas...), las principales nociones del mensaje.
6. So pretexto de concisión, o incluso de elegancia, no reducir demasiado el empleo de «palabras-instrumento», que son inútiles en apariencia, ni tampoco el de palabras ásperas; la experiencia enseña que tales palabras constituyen unos factores positivos para la memorización de los textos.
7. Emplear más la redundancia en la expresión oral que en la escrita; no tener vergüenza —cuando se lea la transcripción de las palabras— de las repeticiones y aun de ciertas incorrecciones. Las leyes de los lenguajes eficaces, orales y escritos, son diferentes; no es posible juzgar a uno de ellos con los criterios del otro.

8. Pero que las comunicaciones escritas conserven siempre ciertas características de la comunicación oral: la espontaneidad, el calor, la vida.

Para Tordis Orjasaeter (1981), los libros fáciles de leer deben cuidar el lenguaje utilizado. Debe tratarse de un lenguaje simple, a ser posible en frases breves construidas de modo tal que se amolden a unas líneas cortas. Las palabras no deben ser demasiado largas, y habrá que repetir las nuevas en contextos diferentes; no se debe utilizar ninguna palabra extranjera o muy insólita.

En cuanto al contenido del libro, la autora anteriormente citada demanda la necesidad de disponer de una amplia gama de temas para atender los diversos intereses de los niños con hándicap aunque, de manera general, señala unas condiciones que todos estos libros deben tener en cuenta: el cuento no debe ser demasiado largo antes de iniciarse la acción. Habrá que evitar las descripciones prolijas, que parecen no desembocar en nada. Los diálogos hacen que el libro resulte fácil de leer. Lo más importante es que el contenido interese y movilice al lector.

En la etapa infantil, según Cubells (1997), sus temas favoritos son:

- Animales, humanizados o no.
- Personificación de elementos o fuerzas de la naturaleza.
- Objetos artificiales o fabricados, actuando como personas.
- Personas, cosas o lugares familiares al niño (escenas de familia, calle, fiestas y ocupaciones normales con buen humor y muy agradables).
- También puede ser algo que el niño sabe que en breve le será familiar y le preparará para ello (guardería, hospital, etc.).
- Folclore infantil, sobre todo el asociado a repeticiones y movimientos rítmicos.
- Cuentan también temas motivadores, ni artísticos ni literarios (abuelos, padres, niños, crías de animales con sus padres, colores favoritos, etc.).
- Aunque el estilo artístico tiene su importancia, éste no podrá salvar un libro cuya trama carezca de interés para el niño.

En definitiva, se trata de evitar las causas que hacen que se rompa el contacto entre un lector debutante y su libro:

153

1. Situación de partida

   a) El tema no les interesa.
   b) La historia es lenta de principio. Casi nunca pasa nada en las primeras páginas.
   c) No comprenden bien la situación de partida.
   d) Les cuesta relacionar unos personajes con otros. Rápidamente dejan de percibir quién es quién.

2. Estilo

   a) No siempre saben quién habla en los diálogos.
   b) El sentido de ciertos párrafos se les escapa completamente porque el texto contiene demasiadas palabras difíciles.
   c) Cuando estas palabras no están situadas en un contexto comprensible, la frase no significa nada.
   d) El estilo es complicado, demasiado alejado del lenguaje verbal que hasta el presente han utilizado. Si el alumno debe cambiar completamente de registro de lenguaje y al mismo tiempo esforzarse en leer, esto le supone prestar mayor atención y, por lo tanto, mayor dificultad.
   e) El autor corta su texto con digresiones que hacen perder, al lector lento, el hilo argumental.
   f) El texto está abarrotado de referencias que no entienden. Encuentran constantemente puntos de vista de adultos que para comprenderlos es preciso tener una cierta experiencia vivencial que a los siete u ocho años todavía no se posee.

3. Argumento

   a) La historia ha empezado bien, pero no continúa utilizando el argumento propuesto al principio. Ya no saben dónde están.
   b) Un lector principiante necesita una estructura relativamente simple. Es necesario que imagine más o menos lo que va a suceder para tener el placer de sentir el acontecimiento que sigue.
   c) A la historia le falta ritmo. No se encuentran puntos de referencia para saber dónde estamos (textos muy largos, escritos linealmente sin ningún título). (Varios, 1982.)

Entre las características técnicas y didácticas que deben poseer estos libros, hay que destacar:

1. Libros que reflejen los intereses de su propia edad y estimulen su deseo de aprender.
2. Contenido simple.
3. Reflejo de la vida de los hombres.
4. Representación visual simple.
5. Capaces de interesar a amplias series de edades
6. El humor, la claridad y la originalidad son los criterios privilegiados a la hora de seleccionar libros ilustrados.

El profesor puede seleccionar los títulos más convenientes para abarcar los campos en que los alumnos con retraso mental leve y con capacidad intelectual límite, y en general todos los alumnos con retraso en el lenguaje, necesitan más refuerzo y que suelen ser los que se refieren a:

1. Actividades cotidianas (la casa, la escuela, los juegos).
2. Los primeros aprendizajes.
3. El mundo que nos rodea.
4. La diversidad de formas de vida.
5. La salud.
6. Los animales.
7. Historias imaginarias simples.

Señalamos a continuación algunos títulos de alguno de estos apartados anteriormente citados que pueden ser utilizados con provecho por el profesor:

1. Libros sobre actividades cotidianas:
   – *Las tres mellizas ya vamos a la escuela,* Company, M. y Capdevila, R., Barcelona, Ariel.
   – *Así es nuestra casa,* D'Atri, Adriana, Madrid, Altea.
   – *¿A qué jugamos?,* Rius, M., Barcelona, La Galera (en catalán y castellano).
   – *Teo va a comprar,* Denou, V., Barcelona, Timun Mas (catalán y castellano). (En la misma colección pueden encontrarse otros títulos relacionados con este tema: *Teo va a la escuela, Teo va de camping...*) (figura 32).

Figura 32: *Teo hace de canguro,* Violeta Denou, Ed. Timun Mas

2. Libros sobre los primeros aprendizajes
   – *Cómo me lavo,* Rius, M., Barcelona, La Galera (en catalán y castellano).
   – *Malditas matemáticas: Alicia en el País de los Númer⌐* Frabetti, C., Madrid, Alfaguara (a partir de 10 años).
   – *Los números,* M.ª Àngels Comella, Barcelona, Timun Mas (figura 33).

Figura 33: *Los números,* M.ª Àngels Comella, Ed. Timun Mas

3. Libros sobre el mundo que nos rodea:
   - *La ecología.* «Mi primera biblioteca Teo», Barcelona, Timun Mas (castellano y catalán; a partir de 6 años).
   - *Viaje increíble a los planetas*, Harris, N. *et al.*, Madrid, S.M. (a partir de 8 años).
   - *El Gran libro de la astronomía*, Miles, L, Smith, A., Usborne (a partir de 12 años)

4. Libros sobre animales:
   - *Así es nuestro perro,* D'Atri, A., Madrid, Altea.
   - *Teo y su perro,* Denou, V., Barcelona, Timun Mas (catalán y castellano). (Existen otros títulos en esta colección referentes a animales: *Teo en la granja*, *Teo en el zoo*...) (figura 34).

Figura 34: *Teo en la granja, Teo en el zoo*, Violeta Denou, Ed. Timun Mas

Libros de historietas

Dentro del apartado de libros ilustrados y fáciles de leer, cabría citar las historietas para niños. Éstas son relatos caricaturizados en los que las imágenes prevalecen sobre el contenido literario.

Estas historietas les encantan a los niños con dificultades lectoras dado que exige una cantidad mínima de lectura, y pueden seguir la trama sin dificultad a través de las imágenes; pero precisamente ésta es una de las carac-

157

terísticas que numerosos estudiosos argumentan para no recomendar su lectura.

Otros argumentos que se utilizan contra la utilización de las historietas, son los siguientes:

1. Distraen a los niños, lo que les impide dedicarse a otros tipos más válidos de literatura.
2. Puesto que las imágenes dan la trama, quienes tienen dificultades para leer pueden no esforzarse en tratar de leer el texto.
3. Hay poca o ninguna progresión de la experiencia de lectura en las historietas.
4. Los dibujos, las tramas y el lenguaje de la mayoría de las tiras cómicas son inferiores.
5. Los temas relacionados con el sexo, la violencia y el temor estimulan en exceso a los niños y, a menudo, los asustan.
6. Las historietas impiden que los niños se dediquen a otras formas de juegos.
7. Al presentar conductas antisociales, las historietas fomentan la agresividad y la delincuencia juvenil.
8. Las historietas hacen que la vida real parezca aburrida y poco interesante.
9. En las historietas se estereotipa a las personas, lo que fomenta los prejuicios. (Hurlock, 1982.)

Existen también argumentos a favor del empleo de las historietas como material de lectura:

1. Proporcionan a los niños con capacidad limitada de la lectura una experiencia agradable.
2. Las historietas se pueden utilizar para motivar a los niños a desarrollar capacidades de lectura.
3. Los logros a nivel educativo de los niños que leen historietas son, con frecuencia, casi idénticos a las de quienes las leen poco.
4. Los niños se encuentran con un vocabulario amplio, con numerosas palabras que también se hallan en otros tipos de lectura.
5. Las revistas de historietas proporcionan una técnica excelente para diseminar propaganda, sobre todo contraria a los prejuicios.
6. Las historietas proporcionan a los niños una fuente de catarsis para liberarse de las emociones acumuladas.

7. Los niños se pueden identificar con los personajes de los cuadernos de historietas que encarnan cualidades admiradas. (Hurlock, 1982.)

Por otra parte, tal como señala Rodríguez Diéguez (1978), las historietas ofrecen enormes posibilidades para la enseñanza del lenguaje:

1. Utilización del tebeo, junto con grabaciones magnetofónicas preparadas *ad hoc*, para la superación de las dificultades en lectura y escritura.
2. Utilización de cómics para que los alumnos inventen una nueva narración.
3. La creación de un tebeo sobre un tema o tópico de interés, mediante el trabajo en equipo.
4. La utilización de un *comic-book* como centro de interés en torno a un tema.
5. La consideración de temas generales a través de la historieta, propiciando un debate en torno a ella.
6. A partir de los rasgos dominantes de ciertos héroes actuales, estimular la reflexión crítica, sobre todo en niños mayores, acerca de los valores socialmente aceptados.

Por nuestra parte, diremos que actualmente existen en el mercado abundantes libros ilustrados de gran calidad que pueden llevar al niño al placer de leer, objetivo básico en lectura, sin tener que pasar por las historietas. No obstante, en casos especiales y dado que a la mayoría de niños les gustan las historietas, éstas se podrían utilizar con una supervisión por parte de padres y profesores:

1. Evitando que se dediquen a leer exclusivamente este tipo de libros. Ofreciéndoles como alternativa libros ilustrados que contengan las características que tanto les atraen de los cómics: libros con poco texto, sencillo y fácilmente comprensible; con argumento muy motivante e ilustraciones bellas y abundantes.
2. Evitando que dediquen demasiado tiempo a la lectura de este tipo de material.
3. Seleccionando los libros de historietas que se les ofrezca: desechando los que presenten conductas antisociales, personajes estereotipados, ínfima calidad literaria, etc.

4. Participando en sus lecturas para promover fundamentalmente su capacidad crítica.

Libros de fotografías

Los libros de fotografías (figura 35), aunque incomprensiblemente son muy poco utilizados en las aulas, poseen una serie de características que hacen que su uso sea especialmente recomendable, sobre todo para los alumnos con necesidades educativas especiales:

1. Como todo libro ilustrado, resultan muy atractivos para el niño.
2. Pueden ser realizados por los propios padres y profesores adecuándolos a las características personales del lector.
3. Permiten al profesor abordar temas nuevos sin disponer de los objetos reales.
4. Al poder representar personas, objetos y situaciones conocidas por el niño, aumenta su motivación e interés.
5. Permiten al profesor crear materiales específicos para alcanzar cada uno de los objetivos que se ha propuesto.

Figura 35: *Animales domésticos*, Ed. Timun Mas

Así, se pueden confeccionar:

1. Libros de fotografías en que el protagonista sea el propio niño con hándicap realizando tareas de la vida cotidiana con el fin de hacer comprender a los niños de la clase que su compañero con hándicap es un niño como ellos, realiza las mismas actividades y tiene los mismos deseos que ellos, lo cual permite cambiar actitudes negativas, fruto de la ignorancia que tienen del niño con hándicap.
2. Libros de fotografías, que eficazmente secuenciadas puedan ayudar al niño con hándicap a comprender y realizar alguna tarea que se considere relevante, por ejemplo los pasos que hay que seguir para llamar por teléfono.
3. Libros de fotografías con la finalidad de ampliar vocabulario, explicar conceptos, por ejemplo conceptos numéricos (fotografías de un perrito, dos perritos...) y espaciales (dentro, fuera, izquierda, derecha, arriba, abajo: fotografías de un pollito a la derecha de una cajita, a la izquierda...), que por ser bastante abstractos pueden resultar de difícil comprensión y que por medio de fotografías pueden ser comprendidos fácilmente.

Para la confección de este tipo de libros, el profesor deberá atender las siguientes orientaciones:

1. Que las fotografías sean atractivas; esto se consigue con un adecuado tamaño —a mayor tamaño mayor impacto de la imagen— y con la utilización de fotografías de colores. Por ser más económicas, también pueden utilizarse fotografías en blanco y negro siempre que estén bien contrastadas.
2. Que las fotografías estén bien seriadas y secuenciadas; que posean un encadenamiento lógico fácilmente comprensible.
3. Que las fotografías complementen el texto.
4. Que muestren situaciones que interesen al lector y que las imágenes entren dentro del campo experiencial del propio niño.
5. Que las fotografías tengan una adecuada densidad y organización de datos; que no contengan gran cantidad de detalles.
6. Que se cuide la figuratividad o exactitud fotográfica de la imagen; que no existan trucajes fotográficos (con el fin de evitar confusiones en el alumno).

7. Que los objetos fotografiados guarden las debidas proporciones y conserven el mismo tamaño en todo el libro; que no presenten problemas de perspectiva.

Para evitar este último problema y otros relacionados con las técnicas utilizadas en el diseño de las ilustraciones, el profesor debe enseñar al alumno las «convenciones» más usuales. (Recuérdense las técnicas secundarias de perspectivas, descritas en el apartado de libros corrientes para niños ambliopes.)

8. Que las fotos no muestren sólo una parte del cuerpo de los personajes ya que puede ser origen de angustia (sobre todo para los niños autistas).

Los libros de fotografías, como puede deducirse de lo anteriormente expuesto, son aptos para todos los niños con hándicap o sin él, pero son especialmente recomendados para aquellos niños y adolescentes que a pesar de su incapacidad para leer, pueden disfrutar de las bonitas imágenes que dichos libros contienen.

Terminaremos diciendo que el uso de estos y otros tipos de libros, entre otros objetivos, deben perseguir la participación activa del alumno y la potenciación de la interacción con el adulto; para ello, en la comunicación se debe emplear cualquier medio a nuestro alcance: sea lenguaje oral, signos gráficos, manuales u otros. A continuación exponemos un ejemplo de esta interacción: un adulto con una niña de 5 años con síndrome de Down empleando simultáneamente el habla y los signos manuales en la actividad de mirar y comentar láminas, nos la da Soro-Camats (1998):

Terapeuta: «Ahora vamos a mirar…».
Niña: Dice «Miba...», y hace el signo manual de MIRAR.
Terapeuta: «A mirar dibujos».
Niña: «Bibuoo».
Terapeuta: «Eso es…», mientras le enseña el dibujo de una casa.
Niña: «Caa», y al mismo tiempo hace el signo manual aproximado de CASA.
Terapeuta: «Una casa», mientras le modela las manos para hacer mejor el signo CASA.
Niña: «Caa», y añade el signo manual JUGAR.
Terapeuta: «Sí, podemos jugar con la casa».

Se puede observar en este ejemplo cómo la niña se apoya en los signos para ayudarse a decir palabras y expandir un enunciado con una palabra (jugar) que no puede pronunciar y en definitiva a interactuar eficazmente con el adulto.

11

Los alumnos pertenecientes a minorías étnicas y culturales

Cada vez más, nos encontramos que en nuestras aulas asisten alumnos de culturas diferentes a la mayoritaria y alumnos de minorías étnicas que en muchos casos son alumnos pertenecientes a minorías étnicas marginadas. Se entiende por minoría étnica marginada el conjunto de personas que poseen un sistema cultural diferenciado, claramente distinguible y percibido por los propios miembros, que no están reconocidos como portadores de la «cultura oficial» y sus relaciones de poder con relación al entorno sociocultural dominante son asimétricas. Tal es el caso del pueblo gitano.

Ante esta nueva situación, la escuela debe dar respuesta a esta diversidad cultural y para ello debe abandonar viejos y tradicionales sistemas pedagógicos e implantar una pedagogía intercultural, sin pretender con ello la asimilación: «... Una pedagogía intercultural no es la yuxtaposición de asignaturas culturales, ni la amalgama de las mismas. El objetivo que se persigue no es una hibridación intelectual de los alumnos mediante una manipulación pedagógica, sino su enriquecimiento y su comprensión mutuos a través de aprendizajes basados en el fondo cultural de cada uno [...] a fin de que se respete la cultura de cada cual, se valorice a los ojos de los demás, y de que la práctica pedagógica se apoye sobre una práctica cultural, en vez de negarla». (Liégeois, 1986.)

Una metodología intercultural, siguiendo a Cañadell (1994), debe partir de los siguientes principios:

1. La no jerarquización de las culturas. Nuestra manera de vivir y pensar no es la «única ni la mejor».
2. Las culturas no son estáticas, sino que evolucionan y se conforman como resultado de muchas influencias e intercambios.
3. El respeto y la aceptación entre diferentes culturas no tiene por qué implicar una actitud acrítica hacia determinados hechos culturales, propios o foráneos. Las desigualdades y la injusticia son negativas en todas las culturas.
4. No podemos olvidar que la discriminación cultural es un elemento que legitima la marginación económica, y que el racismo ha servido siempre para justificar una dominación o una explotación. La identidad cultural, a veces, sirve también para preservar intereses de clase.
5. El derecho a la diversidad no quiere decir la renuncia a la propia identidad, sino el derecho de cada grupo a mantener sus cultura y evolucionar con ella, en igualdad de condiciones.

Metodología intercultural

Para implantar en la escuela esta metodología intercultural, es necesario que se persigan los siguientes objetivos:

1. Proveer un marco de relaciones que facilite la convivencia tolerante y enriquecedora de las distintas realidades culturales.
2. Capacitar al alumnado para combatir los prejuicios, estereotipos y tópicos culturales, y proporcionarle instrumentos de análisis, valoración y crítica de las diferentes realidades socioculturales del contexto.
3. Desarrollar un régimen educativo no discriminador, enfrentado a cualquier tipo de marginación por razones culturales y comprometido en la lucha contra actitudes y conductas racistas y xenófobas.
4. Ofrecer un modelo cultural plural, sensible a la diversidad de la sociedad.
5. Configurar estrategias de construcción del conocimiento desde la diversidad de perspectivas culturales que lo definen.
6. Promover procesos de formación del profesorado en educación intercultural.

7. Establecer la flexibilización organizativa necesaria para responder a situaciones socioculturales diversas.
8. Coordinar las actividades interculturales de la escuela con proyectos de actuación más amplios (de barrio, de comunidad, de distrito, de colaboración con asociaciones y colectivos) (VV.AA. 1998.)

Y más concretamente, si por ejemplo pensamos en el pueblo gitano, el proyecto pedagógico intercultural de una escuela debe contemplar los siguientes puntos, con el objeto de que el alumnado adquiera unos conocimientos básicos que permitan su promoción social. (Conclusiones de las 7 primeras jornadas de enseñantes con gitanos celebradas en Huesca, Zaragoza, Valencia, Bilbao, Granada, Madrid y Barcelona).

1. La flexibilidad organizativa
2. Adaptación de programas y horarios (o elaboración de nuevos)
3. Equipo pedagógico, con la inclusión de monitores de taller y comedor, con compromiso de estabilidad de tres a más años.
4. El módulo alumnos-profesor será siempre menor de 20 y el profesor-aula será de 1,5 mínimo.
5. Se dará importancia al fomento del aprendizaje de un oficio y al fomento del cooperativismo juvenil, a través de los talleres y la pretecnología, con personal especializado.
6. Apoyo al profesorado por gabinetes de orientación escolar o equipos multiprofesionales así como por un equipo de asesoramiento gitano.
7. La organización del seguimiento escolar y del apoyo a aquellos niños y niñas que por razones de absentismo, edad... lo precisen, estarán a cargo de profesorado que deberá permanecer al propio claustro.
8. Elaboración de materiales adecuados y que respondan a los intereses de los alumnos.

Según Cañadell (1994), los alumnos de culturas distintas de la nuestra no suponen «un problema», pero debe reconocerse que están en una «situación especial» por:

1. Las dificultades que pueden tener para insertarse en la escuela a partir de la diferencia que puede existir entre sus pautas culturales y las de nuestra escuela: normas de comportamiento, relación autoridad-

disciplina, papel de los sexos, absentismo por causas de religión o trabajo, higiene, valores, material escolar, entre otras.

2. Posible contraste entre el nivel madurativo del alumno y el nivel de aprendizaje escolar, sobre todo para aquellos chicos y chicas que llegan a la escuela en edad avanzada.

3. Diferente relación entre evolución psicológica y cultura. Las diferentes pautas culturales marcan, también, diferentes ritmos evolutivos que pueden no coincidir con los nuestros: desigual maduración en las diferentes áreas: instrumental, manipulativa, verbal, etc. Las pautas culturales marcan, también, distintos ritmos y estilos de aprendizaje, que vienen dados por las diferentes maneras de acercarse y conocer la realidad.

4. Dificultad de alcanzar unos contenidos culturales que están muy lejos de sus experiencias personales. Por eso es tan importante que la enseñanza contemple todas las culturas y valore las aportaciones de todos los alumnos.

5. Marginación económica y legal en que se encuentran muchos de estos niños y niñas. No se ha de olvidar nunca que esta desprotección legal y marginación social puede afectar a estos niños y niñas que, antes de entrar en la escuela, ya han sentido el rechazo y los prejuicios de nuestra sociedad.

6. Dificultades con la lengua de la escuela. Esto plantea diferentes problemas: por un lado, las carencias lingüísticas en una enseñanza como la nuestra afectan profundamente las posibilidades de éxito escolar. De otro lado, todos sabemos que hay una profunda interacción entre lengua e identidad cultural: el aprendizaje de la lengua oficial del país nuevo no es sólo una cuestión técnica, sino que, según el mensaje que sobre el valor de la propia cultura se transmita, el aprendizaje de la nueva lengua tendrá más o menos posibilidad de éxito. […] No se ha de olvidar, por otro lado, el derecho de todos a escolarizarse en su lengua materna.

7. Finalmente, tenemos que tener muy claro que una acción intercultural sobrepasa el marco de la escuela y, por tanto, es imprescindible la integración de los padres y las madres en la dinámica de la escuela, así como la vinculación de ésta con el entorno y con las otras organizaciones sociales y ciudadanas.

Actuación del profesorado

Así pues, aunque en un principio la incorporación a la escuela de los alumnos pertenecientes a minorías étnicas y culturales no debe plantear ningún problema especial, queda claro que si no se adopta una pedagogía intercultural y una actuación educativa específica, sí que puede quedar comprometida la buena adaptación escolar de estos alumnos.

Esta actuación educativa específica del profesorado podríamos resumirla en los siguientes puntos:

1. Aprender sobre su cultura. Investigar acerca de su idioma y de las cosas que son importantes para ellos. Hacer visitas a sus casas para saber las condiciones en que viven.

   Respecto a la recomendación de investigar acerca de su idioma, además de ofrecer la posibilidad de desarrollar la lengua materna de los alumnos y poder ofrecer, si hay posibilidades, la lengua de origen de los inmigrantes como materia optativa, debemos decir que aprender y utilizar algunas palabras en la escuela de la lengua de nuestros alumnos inmigrantes es muy provechoso, ya que no sólo enriquece a todos los alumnos culturalmente, sino que el alumno inmigrante, al sentirse protagonista y ver cómo su lengua es valorada por el profesor y sus compañeros, aumenta su autoestima. El mismo objetivo de aumentar su autoestima persigue la actividad de lengua consistente en encontrar en nuestro idioma palabras procedentes de los países de origen de nuestros alumnos inmigrantes, así por ejemplo en el caso de la lengua árabe nos encontramos, entre otras, con palabras como:

   – *Frutas y plantas*: alcachofa, albaricoque, berenjena, chirivía, albahaca, arroz, limón, azafrán, sandía, naranja…
   – *Agricultura:* acequia, alberca, noria…
   – *Lugares:* rambla, arrabal, almacén…
   – *Ropa:* alfombra, albornoz, zamarra…
   – *Cocina:* aceite, taza, cazo…

   El conocimiento de algunas peculiaridades de la lengua de nuestros alumnos inmigrantes es especialmente útil en el caso de los alumnos árabes que iniciaron su escolaridad en su país para poder prevenir ciertas dificultades de lecto-escritura que pueden presentarse derivadas de las diferencias radicales existentes entre su lengua y la nuestra:

a) En árabe se escribe de derecha a izquierda y con unas grafías totalmente distintas de las nuestras, por lo que pueden surgir dificultades grafomotoras (hay que tener en cuenta las grafías más difíciles tanto gráficas como fonéticas) y de lateralidad. También se pasan las páginas de los libros al revés de cómo lo hacemos nosotros.

b) Se vocaliza en la parte superior de la consonante y las letras tienen distintos rasgos: inicial, medio y final. Se pronuncian tres vocales: *a*, *i*, *u*, por lo tanto les es muy difícil distinguir en nuestra lengua entre la «e» y la «i», o entre la «o» y la «u». Con algunas consonantes pasa lo mismo con la «p» que en árabe es una «b» con una «a» sorda. También tienen dificultades en la pronunciación de *c/z/s*; *q/c*; *ll* y *ñ*.

c) Esa confusión de fonemas hace que la transcripción sea difícil, recomendándose más la copia sistemática de frases cortas de pleno significado. Esto también beneficia para corregir la costumbre de la escritura continua del árabe, con pocos signos de separación y adiciones diferentes de las nuestras como la indeterminación colocada al final de la palabra y la asimilación de un único artículo en muchos casos.

d) Cuando se expresan, pueden usar la rutina de su lengua comenzando por el verbo seguido del sujeto y complementos, al igual que presentar mala comprensión del género (no distinguen entre masculino y femenino) y confundir el singular del plural de las palabras, alterando así las concordancias.

e) Código con variables distintas de las suyas: mayúscula/minúscula; letra manuscrita/ letra de imprenta (figura 36) (Comes y Fuentes, 1993.)

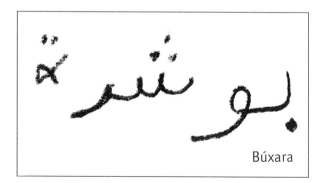

Figura 36: *Búxara, jo sóc del Marroc,* M. Àngels Ollé, Ed. Rosa Sensat

Respecto a conocer su cultura y sus condiciones de vida, en el caso de los alumnos gitanos, aunque la historia y la cultura gitana es común a todos y se den muchas constantes en su situación social, la realidad sociofamiliar de cada alumno puede variar extraordinariamente en función de una serie de factores, tales como: actividad laboral que desarrollan, miembros que componen la familia, condiciones de la vivienda, años de permanencia en el barrio, posibilidades económicas, etc. El profesorado debe conocer a las familias de sus alumnos con el fin de comprender sus problemas y poder planificar su trabajo adecuadamente. En concreto, es imprescindible que el profesorado conozca:

– A los padres o tutores de los alumnos, el trabajo al que se dedican, las relaciones familiares, su interés por la escuela...
– Las condiciones de la vivienda: sanitarias (agua, ducha, termo, servicios...), de espacio, orden...
– El número de hermanos y el lugar que ocupa entre ellos, si hay pequeños a los que tiene que cuidar...
– El interés del niño por la escuela, si suele ir a trabajar con sus padres (si lo necesitan...), qué hace en el tiempo libre, con quiénes se relaciona...
– Enfermedades que ha pasado, quién lo ha criado,...
– Historia escolar del niño: años de escolarización, causas de la no escolaridad en su caso,...
– Si suelen ausentarse del barrio, en qué temporadas y por qué causas,... (Grupo de Enseñantes con gitanos de Adarra, 1990.)

Por otra parte, la cultura propia de estos alumnos también debe ser motivo de enseñanza. He aquí la respuesta que dan Santos *et al.* (1998) ante la pregunta: ¿Qué enseñar y qué aprender sobre la cultura gitana? (véase esquema 8). Respecto a los temas que se pueden tratar en la etapa de Educación Infantil sobre la cultura árabe-musulmana, podemos citar:

– Grandes acontecimientos en la vida del niño musulmán: el bautismo y la circuncisión.
– La familia árabe. Su estructura.
– El vestido y los trajes típicos.
– El mes santo del Ramadán.
– Principales fiestas religiosas musulmanas: Aid Seghir (final del mes santo del Ramadán), Aid Kebir (Pascua musulmana que recuerda el

HECHOS Y CONCEPTOS	PROCEDIMIENTOS	PRINCIPIOS, ACTITUDES Y VALORES
¿Qué sabemos de ellos? ¿Qué ideas previas tenemos? ¿Quién es un gitano? ¿Conocemos algunos? ¿Cómo viven ahora? ¿Cómo han vivido a lo largo de la Historia en España? ¿En qué países viven los gitanos? ¿Cómo es su organización social? ¿Qué valores los identifica como pueblo? ¿Cómo es la estructura familiar? ¿Tienen lengua propia? ¿Qué es el racismo, qué es el prejuicio? ¿Hay racismo en nuestro centro, en nuestro barrio? …	¿Conocemos si hay gitanos en nuestro centro, barrio y ciudad? ¿Qué tipos de trabajo desempeñan? ¿Cómo podemos investigar sobre su cultura? ¿Qué problemas tienen? ¿Cómo enseñar estrategias para resolver conflictos? ¿Cómo trabajamos la selección y clarificación de valores? ¿Cómo desarrollamos la comprensión crítica? ¿Cómo intervenimos en los dilemas que nos plantea el entorno?	¿Qué fines pretendemos? ¿Qué valores sustentan nuestra acción? – ¿Es el respeto? – ¿Es la igualdad? – ¿Es la libertad? – ¿Es la justicia? – ¿Es el derecho a la diferencia? – ¿Es la cooperación? – ¿Es la solidaridad? ¿Qué sentimos hacia ellos? ¿Por qué sentimos lo que sentimos? ¿Por qué pensamos lo que pensamos? ¿Qué piensan ellos de nosotros? ¿Qué sienten ellos hacia nosotros? ¿Por qué sienten lo que sienten? ¿Cómo nos podemos conocer y entender mejor? ¿Cómo respetamos en el centro la cultura gitana?

Esquema 8: ¿Qué aprender y qué enseñar sobre la cultura gitana? (Santos et al., 1998)

sacrificio de Abraham) y el Mouloud (nacimiento del Profeta, parecida a la Navidad).
– Cuentos y leyendas de origen árabe.
– Refranes y canciones populares de Marruecos.
– Juegos tradicionales de los niños marroquíes.
– Platos típicos.

El profesorado puede valerse, para trabajar muchos de estos contenidos, de los libros infantiles y juveniles en que las personas inmigrantes y de etnia gitana sean los protagonistas (se da un listado en el último capítulo del libro) y de los libros y documentos en los que se explica su cultura y las dificultades que padecen:

- *Atlas de las familias del mundo,* Debate, Madrid.
- *Niños y niñas del Mundo,* FUNCOE/UNICEF, UNICEF, Madrid.
- *Un mundo sin fronteras: inmigrantes, refugiados y desplazados,* Villar, M. J. y Pujana, B. Educación sin fronteras, Madrid. Material de enseñanza sobre inmigrantes y refugiados y su integración en el país de acogida.
- *Otros pueblos, otras culturas. Música y juegos del mundo,* Giradles, A. y Pelegrín, G., M.E.C., Madrid. A través de la música, los juegos, la poesía y la literatura infantil se pretende estimular y favorecer un conocimiento y acercamiento de las diferentes culturas presentes en el Estado español.
- *Vamos a reírnos muy en serio del racismo,* Presencia Gitana, Juvenil. La asociación Presencia Gitana pretende, con este jugoso libro, despertar las conciencias ciudadanas desde la burla y el sarcasmo, desenmascarando el absurdo de actitudes y conductas discriminatorias.
- *Minorías étnicas.* Integral monográfico. Desde 15 años. Guía completa sobre la situación de los pueblos indígenas en todo el mundo.
- *Un pueblo trashumante: los gitanos,* Seve Calleja, Mensajero. Desde 9 años. Un esfuerzo importante por acercarse a una comunidad social diferente que vive entre nosotros, por eliminar prejuicios, por conocer sus orígenes, su historia y sus peculiaridades culturales.
- *Narraciones gitanas,* M. Pilar Diezhandino, Tantin, Santander. Quince narraciones cortas de la selección de relatos de miembros de la comunidad gitana de Cantabria. A partir de 11 años.

Hay que destacar en el campo de producción de materiales específicos para el alumnado gitano, la notable labor realizada por Blay *et al.* (1989) y Cano y Giménez (1989) que a través de la creación de unos cuentos e historietas y de una guía didáctica de utilización de este material (se reseñan los objetivos, temas a tratar y actividades) posibilitan la labor del profesor para realizar un trabajo intercultural en la escuela, muchas veces muy difícil de llevar a cabo por falta de materiales especializados.

Señalamos a continuación los títulos publicados:

Cuento:

– *Ladislás* (sobre el valor de la familia gitana, el valor social de sus trabajos…).

Historietas:

– *La fosforita* (sobre la importancia de la familia).
– *Al baño, María* (sobre los distintos tipos de vivienda y cómo viven).
– *El cobrador monstruoso* (sobre los distintos trabajos temporeros).
– *Aguafiesta* (sobre sus fiestas y costumbres).
– *Canicas y caramelos* (sobre su idioma: el caló y sobre el comportamiento solidario que obliga a toda la familia [clan]).
– *¿Qué pasa, primo?* (sobre solidaridad familiar y la valoración de las distintas culturas que hay en la escuela).
– *Fosforita ataca de nuevo* (sobre la compra-venta y los trabajos ambulantes).

También se debe destacar, la colección «Yo soy de...» de la editorial Rosa Sensat, libros que mediante bonitas fotografías recorren la vida de un niño o niña de un país determinado, enseñando sus costumbres, su cultura, dónde viven, qué hacen... Algunos títulos publicados (también disponibles en catalán):

– *Minú, yo soy de la India;*
– *Takao, yo soy del Japón;*
– *Fátima-Vanessa, yo soy de El Salvador;*
– *Dana, yo soy de los Estados Unidos;*
– *Lenessú, yo soy de Benín;*
– *Búxara, yo soy de Marruecos;*
– *Eric, yo soy de Noruega;*
– *Bali, yo soy de la China;*

y la colección «Yo vengo de...» de la editorial Rosa Sensat y La Galera. Libros con bellas fotografías que ilustran las inquietudes y las dificultades de unos niños y niñas que se han integrado en nuestro país. Algunos títulos publicados (también en catalán):

> – *Stefan, yo vengo de Belgrado;*
> – *Bully, yo vengo de Doubirou;*
> – *Mustafà, yo vengo de Larache;*
> – *Shafik, yo vengo de Larache;*
> – *Shan-Kai-li, yo vengo de Taiwan.*

2. Participar en su comunidad. Involucrarse en actividades recreativas y proyectos comunitarios. Ellos y sus familiares lo agradecen y es una buena actividad para conocer a los alumnos en condiciones que no son las escolares.
3. Valorar sus contribuciones. Poner interés en lo que los niños y niñas traen para compartir en clase. Planificar actividades alrededor de sus celebraciones, fiestas...
4. Hablar sobre problemas universales. Enseñar que todos los tipos de gente tienen cosas en común. Usar estos asuntos para desarrollar lecciones y unidades didácticas.

Material adecuado

En el campo de la lectura, el objetivo principal que debe perseguir el profesor es que el niño se interese por ella, por lo cual debe utilizar un material adecuado y variado. En cuanto al contenido del material que se debe emplear, hay que señalar las siguientes sugerencias para su selección:

1. Textos que reflejen los intereses de su propia edad.
2. Textos con un contenido simple, cuidando el vocabulario, la extensión de las frases, la redundancia... con un estilo claro y simple.
   Hay que tener en cuenta que la presentación del contenido en forma de diálogo puede ayudar a estos alumnos con dificultades en el lenguaje a superar ciertas dificultades de comprensión del texto y hacerlo más atractivo. La forma de diálogo, además, al ser un lenguaje rico y expresivo tiene un enorme significado e importancia para el alumno, en especial para el alumno gitano; no olvidemos que la cultura gitana es de tradición oral.

3. Textos con profusión de ilustraciones que, además de ilustrar el texto y por tanto hacer más agradable su lectura, proporcionen otros contenidos afectivos e informativos.
4. Textos que también tengan como protagonistas a personajes de su cultura o etnia, con expresiones propias (por ejemplo expresiones gitanas) y reflejen situaciones y hechos reales como los que vive el alumno.

La importancia de disponer de este tipo de material viene justificada por dos razones fundamentales:

1. Los alumnos se ven reflejados en ellos por lo que aumenta su autoestima, su motivación y su deseo de leer.
2. Proporciona al profesor un material excelente e idóneo para conseguir una interacción y aceptación entre alumnos de distintas culturas o etnias y sus compañeros de aula.

Este último punto nos parece realmente importante, ya que muchas veces la integración de estos alumnos se ve comprometida por las actitudes negativas y prejuicios de sus compañeros.

En cuanto a la variedad de material que se puede utilizar en las aulas para la práctica lectora, señalamos a modo de ejemplo:

1. En un principio se pueden utilizar libros de fotografías confeccionados por el propio maestro: imágenes sobre el barrio para ejercitar vocabulario, expresiones, etc., y que puede también estar basado en lugares que el niño conozca. Su contenido puede ser una corta y bonita historia.
2. Libros confeccionados e ilustrados por el propio profesor sobre temas propios y sobre hechos del barrio, grabando en casete las explicaciones de los propios niños o familiares y luego transcribiéndolo en forma de historia respetando sus mismas expresiones.
3. Libros comerciales donde los protagonistas sean niños y niñas o personas de su grupo cultural o étnico y den a conocer su cultura.
4. Libros donde se reflejen las diferencias existentes entre los pueblos en cuanto a cultura, idioma, intereses...
5. Libros ilustrados y cuentos donde haya muy poco vocabulario y tengan mucho interés. Libros de historietas, tebeos...
6. Libros escritos por los propios alumnos en que narren sus experiencias personales.

12

Los alumnos superdotados

Los niños y niñas superdotados y con talento debido a sus aptitudes excepcionales que les permiten lograr un alto rendimiento, son niños y niñas que necesitan formas y/o servicios educativos superiores a los que de forma habitual les proporciona un programa escolar ordinario.

No hay que confundir un niño superdotado con uno con talento ya que un individuo superdotado es talentoso pero no todo talentoso es superdotado. El niño talentoso posee una capacidad exclusiva en áreas muy concretas: música, pintura, matemáticas, y su inteligencia no tiene por qué ser elevada.

Tampoco hay que confundirlos con los niños precoces, aunque puede resultar que los niños superdotados sean precoces y a la inversa. Por último, es conveniente distinguir entre un niño superdotado y uno listo, ya que este último posee un gran sentido práctico y sabe aprovechar al máximo todos los recursos a su alcance, pero no tiene necesariamente un gran desarrollo mental.

Es preciso señalar también que un niño bien dotado intelectualmente no necesariamente llegará a ser un adulto genial.

Una definición amplia de estos niños que, adoptó el Departamento de Educación de EE. UU. en el año 1972 a partir del informe Marlan y que ha obtenido y sigue teniendo gran predicamento es la que sigue: «Los niños superdotados y con talento son aquellos identificados por personas cualificadas profesionalmente, que en virtud de aptitudes excepcionales, son capaces de un alto rendimiento; son niños que requieren programas y/o servicios educativos superiores a los que de manera habitual proporciona un programa escolar normal para llevar a cabo su contribución a sí mismos y a la sociedad. Los niños capaces de elevadas realizaciones pueden no haberlo demostrado con un rendimiento alto, pero pueden tener la potencialidad en cualquiera de las siguientes áreas, por separado o en combinación».

1. Capacidad intelectual general.
2. Aptitud académica específica.
3. Pensamiento productivo o creativo.
4. Capacidad de liderazgo.
5. Artes visuales y representativas.
6. Capacidad psicomotriz.

Para Silverman: «El niño superdotado se define como uno que tiene un desarrollo avanzado en una o más áreas y, por tanto, necesita una programación diferencial para desarrollarse a su propio paso acelerado». Esta definición, según June (1989), tiene diversas ventajas ya que aporta las siguientes consideraciones:

1. El adelanto puede ocurrir en muchas áreas diferentes.
2. La evidencia del adelanto puede obtenerse mediante la evaluación del desarrollo.
3. Dado que el talento ocurre sobre una base continua, la magnitud de la modificación de los programas puede depender del grado de adelanto.
4. La definición se centra en las necesidades del desarrollo del niño más que en su potencial de logros; de tal modo, las habilidades señalan sus necesidades particulares.
5. La competencia no se iguala con el rendimiento, como sucede en otras definiciones. Dado que la esencia del talento en su definición es un alto nivel de competencia, se reconoce que puede haber discrepancias entre habilidad y rendimiento. Tal es el caso de los superdotados de bajo rendimiento.
6. Esta definición es compatible con las definiciones aceptadas en otras áreas de la excepcionalidad.

Se trata de explicar la superdotación no sólo a partir del aspecto intelectual, sino también contemplar aspectos tan importantes como las necesidades sociales y emocionales de dicho niño.

Así, el Modelo de los Tres anillos o de la Puerta Giratoria de Renzulli (1978, 1994) (esquema 9) presenta un avance en este campo al considerar la superdotación como la relación —tal como se describe en el siguiente gráfico— de los siguientes factores:

1. Inteligencia elevada (capacidad intelectual por encima de la media: un percentil igual o superior a 75. Para la mayoría de autores CI igual o superior a 130).
2. Motivación hacia tareas de tipo instruccional/compromiso de tarea (altos niveles de interés, entusiasmo e implicación en un problema particular, perseverancia, confianza en sí mismo, etc.).
3. Creatividad (fluidez, flexibilidad y originalidad de pensamiento; apertura a la experiencia; curiosidad, especulación, espíritu aventurero; sensible al detalle, etc.).

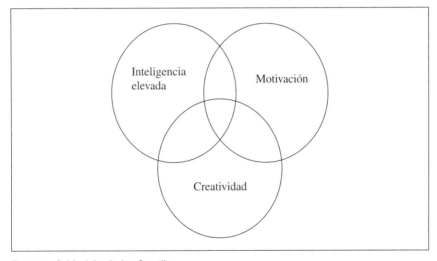

Esquema 9: Modelo de los 3 anillos

Una conceptualización ampliada y modificada del anterior modelo lo ofrece el siguiente modelo triádico de la superdotación (esquema 10) (Mönks, 1986, citado por Freeman, 1988):

177

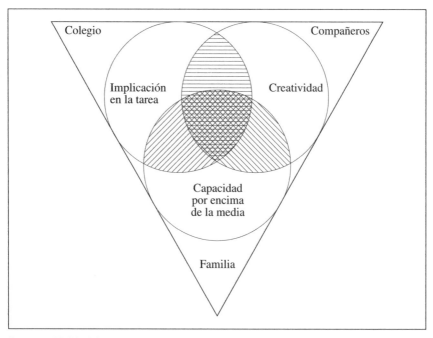

Esquema 10: Modelo triádico de la superdotación (Freeman, 1988)

En definitiva, para que actualmente un alumno sea conceptualizado como superdotado, no es suficiente que éste presente un CI muy alto porque la superdotación posee múltiples cualidades, siendo una de las más relevantes la creatividad.

Los alumnos superdotados, a pesar de sus altas capacidades, pueden presentar problemas de adaptación personal, escolar y social. García-Yagüe (1986), citado por Acereda y Sastre (1998), nos señala los problemas que suelen padecer estos alumnos, derivados de sus características especiales (véase el esquema 11).

Estrategias educativas

Los superdotados tienen las mismas necesidades educativas que el resto de sus compañeros; no obstante, por lo que acabamos de decir respecto a sus problemas derivados de sus dotes excepcionales, requieren que se tenga en cuenta ciertos principios educativos:

178

Características positivas	**Problemas concomitantes**
1. Observación crítica, capacidad de análisis; incredulidad.	1. Los profesores y compañeros pueden sentirse amenazados por su superioridad.
2. Respuestas enérgicas ante la gente. Liderazgo.	2. Puede ser rechazado y este rechazo provoca reacciones de fuerte hostilidad.
3. Percepción independiente de sí mismo y del mundo.	3. Autoafirmación; interpreta de forma extraña y muy personal la realidad.
4. Individualidad. Búsqueda de libertad.	4. Aislamiento, soledad. Carencia de modelos aceptables.
5. Intelectualismo. Altos intereses intelectuales.	5. Esnobismo. Intolerancia hacia los que tienen menos capacidades.
6. Persistencia.	6. Obsesión por tareas de dificultad apremiante. Puede llegar, con su obstinación, hasta la extenuación física.
7. Riqueza de vocabulario, retención elevada; facilidad verbal.	7. Nivel de expresión inadecuado. Elaboraciones innecesarias.
8. Originalidad.	8. Los demás consideran que «se sale» de los temas.
9. Tendencia a la erudición.	9. Atiborramiento de datos.
10. Pensamiento lógico. Resolución objetiva y racional de problemas.	10. Desprecio de las soluciones intuitivas, retrospectivas o subjetivas.
11. Interés por temas poco usuales y esotéricos.	11. Excentricidad, sugestibilidad, misticismo. Atracción por lo novedoso. Actitudes de vanguardia.

Esquema 11: Posibles problemas con alumnos superdotados (Acereda y Sastre, 1998)

1. Los superdotados pueden valorar y utilizar un *feedback* sincero, posiblemente mejor que los otros niños.
2. Comunicación abierta con grupos de aprendizaje, en especial para adquirir destrezas sociales.
3. Un currículum intelectualmente desafiante, significativo y flexible.
4. Contacto con mentes similares, en especial de su misma edad.
5. Material apropiado para trabajar.
6. La oportunidad de dedicarse a sus propios intereses. (Freeman, 1988.)

Según Van Tassel, citado por Verhaaren (1990), los alumnos superdotados necesitan oportunidades:

- Que les exijan formas de pensar sofisticadas.
- Para producir trabajos diferentes a lo habitual.
- Para trabajar en equipo.
- Para contemplar y discutir acerca de moral y ética.
- Específicas en sus áreas de mayor esfuerzo e interés.
- Para estudiar temas nuevos, dentro y fuera del programa escolar habitual.
- Para poder aplicar sus habilidades a problemas en el mundo real.

También el ambiente de aprendizaje que precisan no es esencialmente diferente del que necesitan sus compañeros de aula ordinaria, aunque difiere en grado, siendo necesarias las siguientes modificaciones:

1. El ambiente de aprendizaje debería estar centrado en el estudiante más que en el maestro: en sus ideas e intereses, fomentando las discusiones entre compañeros.
2. Los maestros deberían alentar la independencia más que la dependencia y los estudiantes asumir la responsabilidad de solucionar sus propios problemas, aun aquellos relacionados con el manejo de la clase.
3. El ambiente necesita ser abierto más que cerrado. El contexto físico debería permitir que entraran nuevas personas, materiales y cosas, y el ambiente psicológico debería permitir nuevas ideas, discusiones exploratorias y la libertad de cambiar las direcciones cuando fuera necesario.
4. Las reacciones de los maestros a las ideas y productos de los estudiantes deben ser de aceptación más que de juicio, aunque esto no implica que no se deba evaluar sus ideas y productos destacando sus aspectos buenos y malos.
5. El ambiente físico y psicológico debe ser complejo más que simple. Esto significa que debería haber una variedad de materiales, referencias y libros, y que también son necesarios las tareas de poner a prueba las ideas y los métodos complejos.
6. El ambiente de aprendizaje debería permitir una gran movilidad más que movimientos restringidos: permitir el movimiento dentro del aula y fuera de ésta, la formación de grupos diferentes dentro de la clase y fuera de ésta, y el acceso a distintos ambientes, materiales y equipos. (June, 1989.)

Para completar este apartado de estrategias educativas que deben guiar al profesor en su actuación con el niño superdotado, presentamos a continuación las recomendaciones que nos ofrece Kerry (1981), para poder llevar un buen control del rendimiento del niño con dotación superior, una vez éste ha sido identificado:

1. Preparar material para estimular, ampliar, extender.
2. Tener preparado mucho trabajo adicional.
3. Mantenerlos siempre ocupados.
4. Aceptar sus propias áreas de desconocimiento e ignorancia.
5. Alentar sus potencialidades y habilidades.
6. Darles trabajo extra superior al resto de la clase.
7. Tratarlos como iguales y respetar sus habilidades.
8. Mantenerlos integrados y libres de las presiones sociales de sus compañeros.
9. Darles ayuda individual cuando lo requieran.
10. Mantener sus intereses.
11. No permitir que se sientan discriminados.
12. Exigirles calidad y no cantidad en sus trabajos.
13. Explicar normas y valores y perseverar en ellos.
14. Ser versátil e intentar aproximarse a ellos.
15. Darles tiempo; no darles prisa.
16. Fomentar la libertad y la independencia en el aprendizaje.
17. Escucharlos y mantener profundas conversaciones con ellos.
18. Mantenerlos informados.
19. No permitir dejadez ni complacencia en el trabajo y en sus actitudes.
20. Mantener frecuentes contactos con los demás profesores.
21. Discutir sus trabajos con ellos.
22. Responder sus preguntas con honestidad.
23. Proveerlos de tantas situaciones abiertas como sea posible.
24. Tener recursos materiales complementarios que puedan serles de utilidad.
25. Tratarlos del mismo modo que a los demás.
26. Estimularles el pensamiento creativo.
27. Preparar esmeradamente sus lecciones.
28. Hacerlos investigar para después informar.
29. Darles responsabilidades.

30. Establecer juntamente con ellos, objetivos superiores al nivel de la clase.

Según algunas investigaciones (Callow, 1982 *ápud* Freeman, 1988), los niños superdotados que no fueron identificados como tales en la escuela primaria, manifestaban hábitos de trabajo pobres así como la ausencia de estrategias necesarias para solucionar problemas de cierta complejidad, lo que pone en evidencia que el talento de estos niños había quedado estancado. De ahí la importancia de que el niño superdotado sea identificado lo antes posible.

Su identificación puede realizarse a través del reconocimiento de las características que manifiestan y que, según Santana y Torres (1987), son:

1. Uso de un vocabulario extenso y otros aspectos del desarrollo del lenguaje.
2. Observación detenida y retención de hechos.
3. Interés prematuro en los calendarios y en decir y conocer el tiempo y la hora.
4. Atracción por las láminas y fotografías de los libros a una edad temprana.
5. Habilidad poco usual para solicitar y mantener la atención.
6. Descubrimiento a temprana edad de la relación de causa y efecto.
7. Demostración de competencias en dibujo, pintura, canto u otras habilidades creadoras.
8. Rapidez para aprender y originalidad en sus respuestas verbales.
9. Interés prematuro en la lectura y gran disfrute de los libros, incluyendo enciclopedias, diccionarios y mapas o atlas.

Por su parte, Verhaaren (1990), para descubrir las características de inteligencia, creatividad y dedicación al trabajo de los alumnos superdotados, nos sugiere la observación de los comportamientos habituales de estos alumnos, fijando nuestra atención especialmente en:

1. La utilización del lenguaje: la amplitud de su vocabulario, la precisión de sus palabras, la complejidad de la estructura de sus frases, etc.
2. La cualidad de las preguntas del alumno: si son inusuales, originales, complicadas y/o llenas de madurez e intencionadas, etc.
3. La forma de comunicar y transmitir sus propias ideas.

4. La habilidad para diseñar estrategias (sistemáticas y múltiples) para resolver problemas.
5. La utilización innovadora de materiales comunes: si adapta y/o combina materiales para ejecutar funciones distintas de sus aplicaciones originales. Por ejemplo: efectuar dibujos con la máquina de escribir, etc.
6. La amplitud y profundidad de sus conocimientos, en un área o asignatura específica.
7. Tendencia a coleccionar, o a tener muchas aficiones.
8. La persistencia y constancia para terminar trabajos.
9. Predisposición a tareas intelectuales.
10. La tendencia a ser muy crítico y exacto consigo mismo.
11. La preferencia a buscar actividades muy complicadas, novedosas y poco corrientes.

No obstante, a pesar de los medios disponibles para detectarlos, los alumnos superdotados pueden pasar desapercibidos por las siguientes razones:

1. A menudo están decepcionados.
2. Los profesores no tienen tiempo para ayudarlos.
3. Los procedimientos de diagnóstico son inadecuados.
4. El concepto de «lo brillante» es muy estrecho.
5. Se sabe muy poco sobre cómo tratar a estos niños.
6. Padres y profesores son inconscientes de estos hechos.
7. A menudo intentan ocultar sus capacidades.

Sugerencias para trabajar la lectura

Siendo el lenguaje en general y la lectura en particular una de las áreas privilegiadas para mejorar la instrucción del niño superdotado, presentamos a continuación una serie de sugerencias que le pueden resultar muy útiles al profesor para trabajar dichos campos (ButlerAdam,1982; *ápud* Freeman, 1988):

1. Se deberían presentar estímulos nuevos y poco frecuentes para aumentar el deseo de los niños de hablar, escribir o describir sus reacciones.

2. Debería disponerse una amplia gama tanto de actividades de lenguaje como de técnicas lingüísticas, particularmente en la enseñanza primaria, de forma que los niños puedan ejercitar su lenguaje.

Como ejemplo de actividades creativas en el campo del lenguaje, presentamos las que nos ofrece Clik (1981) (esquema 12):

ACTIVIDADES
• Completa lo que sigue: Si fuera un vegetal sería.. porque...
• Si una gota de lluvia pudiese hablar, ¿qué le diría a otra si hubiese caído en un pétalo de una flor, en el paraguas de una profesora, etc.?
• Inventa unas vacaciones nuevas. Da una razón para su existencia y sugiere maneras de celebrarlo.
• Elige un candidato político para darle soporte. Escribe un eslogan, diseña un pin de campaña, propón un programa y desarrolla estrategias de campaña.
• Simula la apertura de una nueva tienda en la cual tú vendes una cosa inusual como, por ejemplo, arañas. Decide un plan de propaganda y marketing sobre tu producto.
• Escribe, ilustra y forma un libro de niños.
• Crea tu propio animal combinando partes de diferentes animales. Dibújalo, describe su hábitat y escribe una historia de aventuras sobre él.

Esquema 12: Actividades creativas propuestas por Click (1981).

3. El acceso a todas las bibliotecas de los colegios, laboratorios, salas de prácticas, medios audiovisuales y otros equipamientos deberían estar a libre disposición (si bien bajo supervisión).

En el campo de la lectura, los niños superdotados muestran una mayor gama de intereses, son grandes lectores en todos los campos además de dedicar un mayor tiempo a la lectura (a los 9 años emplean tres veces más tiempo por semana a la actividad lectora, siendo en todas las edades ávidos lectores) respecto de sus compañeros de aula ordinaria:

1. Ciencias, historia, biografías, viajes, relatos folclóricos, ficción informativa, poesía, teatro. (El interés por los relatos de aventuras,

misterio y ficción emocional es menor que el existente en otros niños, sobre todo a partir de una cierta edad.)

2. Enciclopedias, atlas, diccionarios y otras compilaciones de información clasificada.

La actividad lectora de los niños superdotados puede ser estimulada si se les dan unos materiales adecuados y se siguen los siguientes principios:

1. Facilitar libros estimulantes, evitando contenidos triviales.
2. Facilitar libros que proporcionen destrezas intelectuales más que una simple información.
3. Exigirles en la lectura de sus libros que atiendan el aspecto comprensivo del mismo, ya que estos niños a pesar de que la lectura mecánica la realizan con extrema rapidez y facilidad, pueden fracasar en la comprensión y la expresión. Hay que atender las destrezas cognitivas y lingüísticas de la lectura.
4. El hecho de que tengan una lectura rápida y fácil puede servir al maestro para ofrecerle una selección de libros que requieran un nivel de lectura más avanzado tanto en lo que se refiere al contenido como a las destrezas.
5. Proporcionarles libros de consulta avanzados, siendo por lo general sus temas preferidos los referentes a los inicios de la historia y la historia natural, dado su interés por los orígenes, procesos y pautas del mundo que los rodea.
6. El hecho de que tengan un deseo innato de detalle, que les hace que quieran llegar a fondo en el conocimiento de un tema, puede servir al maestro para preparar libros adecuados sobre el tema en el que muestran especial interés.
   Los libros sobre ciencia ficción, astronomía, exploración del espacio y electrónica son muy adecuados para estos niños porque además de la temática en sí, que les suele encantar, sus características formales se adentran con rapidez en detalles y profundidades que además de aportar datos elementales, les facilitan el autoaprendizaje.
7. Ante la incomprensión de sus propios sentimientos y actuaciones, hay que procurarles libros cuya temática central sea el comportamiento de las personas. Un buen material para conseguir este fin de comprender sus propios sentimientos lo proporcionan los libros de biografías de hombres y mujeres célebres.

8. Procurarles libros que desarrollen su imaginación.

Dado que el desarrollo de la imaginación del alumno a través de la lectura depende en gran parte del contenido de la misma, el profesor puede favorecer este desarrollo seleccionando los materiales más sugerentes. A pesar de que el profesor puede ejercitar y desarrollar la imaginación del lector a través de un interrogatorio hábil, aun siendo el material de lectura poco sugestivo, es obvio que la labor del profesor se verá facilitada en este campo si cuenta con materiales creativos y de gran valor literario.

Guilford (*ápud* Curtis *et al.*, 1978) presenta una serie de preguntas cuya contestación servirán al profesor a la hora de seleccionar los libros adecuados:

a) ¿Despierta el material la imaginación del lector y deja algo para que sea él quien lo realice?

b) ¿Abre alternativas que provoquen el pensamiento divergente?

c) ¿En otros casos, lleva al lector, paso tras paso, por secuencias lógicas que desembocan inevitablemente en determinadas conclusiones?

d) ¿Hay otro material que ponga en cuestión determinadas opiniones y exija una verificación y comprobación de hechos y argumentos?

No hay que olvidar que la estructura del material de lectura también puede ayudar a trabajar el campo de la imaginación. Me refiero por ejemplo a los cuentos donde son presentados varios finales (*Cuentos para jugar,* de Gianni Rodari, Alfaguara) o a las colecciones de libros de aventuras en las que el lector puede elegir sus finales (editorial Timun Mas, colección «Escoge tu aventura»).

9. Procurarles libros que enriquezcan la fantasía. Para este objetivo son útiles los libros de fábulas, mitos, narraciones y cuentos populares así como los clásicos cuentos de hadas.

10. Presentarles libros de poemas que luego ellos mismos han de ilustrar y colorear. Libros que luego han de reseñar, ampliar, criticar, modificar parcialmente...

Como ejemplo de esta última actividad, presentamos en la página siguiente un cuestionario (esquema 13) que el alumno puede rellenar con el fin de favorecer su comprensión, desarrollar su capacidad crítica y estimular su creatividad, logrando así que la lectura no se convierta en

186

CUESTIONARIO PARA EL COMENTARIO DE UN LIBRO

A) Ficha bibliográfica

1. *Título.*
2. *Autor.*
3. *Editorial.*

4. *Número de páginas*
5. *Lector*

B) Contesta a las siguientes preguntas
Observaciones:

a) Antes de leer el libro contesta las preguntas 1 y 2.

b) Después de leer aproximadamente una cuarta parte del libro contesta las preguntas 4 y 6.

c) Después de leer aproximadamente la mitad del libro contesta las preguntas 11 y 13.

d) Finalizada la lectura del libro completa el cuestionario:

1. Escogí este libro porque me ha gustado... (título, tipo de letra, ilustraciones, autor...).

2. Teniendo en cuenta el título y la ilustración de la portada, intenta inventarte en grandes líneas el argumento del libro.

3. Realmente el argumento del libro es el siguiente... (Haz un pequeño resumen del libro.)

4. Después de leer aproximadamente una cuarta parte del libro, escribe una serie de preguntas que te sugiere su lectura y que te gustaría que el autor contestara.

5. ¿Cuáles no te ha contestado?

6. Estando aproximadamente en la cuarta parte del libro creo que el protagonista es...

7. Ha resultado ser...

8. El protagonista tiene las siguientes virtudes...

9. El protagonista tiene los siguientes defectos...

10. Pero me habría gustado que hubiese sido...

11. Después de leer aproximadamente la mitad del libro, trata de escribir nuevas preguntas que te gustaría que el autor contestase.

12. ¿Cuáles no te ha contestado?

13. Estando aproximadamente en la mitad del libro, creo que la historia va a terminar de la siguiente manera...

14. Realmente ha terminado...

15. Pero me habría gustado que hubiese terminado...

16. Lo más interesante de la historia ha sido...

17. Lo más pesado ha sido...

18. No me ha gustado que...

19. Yo lo hubiese cambiado por...   ...

Esquema 13: Cuestionario para el comentario de un libro

... 20. Relaciona algún aspecto de este libro (protagonistas, situaciones, argumentos, etc.) con otro que hayas leído anteriormente.
21. He aprendido que...
22. Lo que más me ha sorprendido o hecho pensar ha sido...
23. Además quiero comentar...
24. Si tuviese que hablar (bien o mal) de este libro a un amigo diría... (Haz una pequeña crítica.)
25. Si tuviese que valorar el libro del 1 al 10 le pondría un...

(Continuación)

rutina con una aceptación meramente mecánica de argumentos y situaciones, sino que se convierta en un estimulante emocional e intelectual.

11. Procurarles una selección de libros de adultos ya que para estos niños, a menudo, las colecciones diseñadas para su edad no suscitan suficientemente su interés. Dichos libros son inadecuados en cuanto a contenido, estilo y profundidad ya que el niño superdotado posee un nivel de comprensión mucho mayor que sus compañeros de aula.
La realización de discusiones informales sobre los libros de adultos que han leído es un buen método para aumentar su nivel de lectura, perfeccionamiento de su comprensión y ampliación del interés por la lectura, según se desprende de las investigaciones realizadas en este campo.

12. Proporcionarles el tiempo necesario para que desarrollen su actividad lectora, que suele ser individual y silenciosa, por lo que debe tener acceso permanente a la biblioteca o al rincón de los libros.

13. Diversificar su material de lectura: novelas, libros científicos. enciclopedias, atlas, diarios, revistas, publicaciones periódicas...

14. Nunca deben tomar la lectura como una obligación, sino como un placer.

15. Enseñarles todos los recursos que posee la biblioteca: libros, enciclopedias, diccionarios... así como su utilización para que puedan realizar una lectura independiente.

Las actividades que se han de desarrollar para alcanzar el último punto, Scheifele (1964) las concreta así:

1. Uso de material de referencia y aprendizaje de técnicas para ubicar información.

2. Hallar libros de interés.
3. Ampliar sus intereses mediante el descubrimiento de libros poco familiares.
4. Descubrir nuevos libros y artículos en el campo de un interés especial.
5. Aprender a rebuscar en la biblioteca y a solicitar orientación.
6. Formar colecciones de folletos y figuras.

Actividades de profundización

Es interesante remarcar que una vez leído el libro, el profesorado puede diseñar actividades con el fin de que los alumnos profundicen en las lecturas realizadas; para ello, siguiendo a Domech et al. (1994), puede servirse de las siguientes estrategias de lectura:

1. Libro-Fórum. Actividad consistente en el debate posterior que se produce en el grupo tras haber leído todos el mismo libro.
2. Los/las lectores/as se convierten en críticos. Los propios lectores elaboran una lista de títulos a partir de las lecturas que más les hayan gustado. Los mensajes en clave y las técnicas publicitarias constituyen otra posibilidad a la hora de recomendar un libro.
3. El club de lectura. Esta actividad se organiza a modo de tertulia donde los participantes intercambian puntos de vista y contrastan su experiencia personal con la obtenida por el resto del grupo.
4. Recreación de las lecturas:

   a) Recreación de imágenes. Mediante fotografías, ilustraciones, cuadros… También se pueden emplear las nuevas tecnologías y realizar montajes audiovisuales basados en la lectura.
   b) Recreación dramática. A través de pequeñas representaciones teatrales. Nos podemos servir de diferentes medios: títeres, sombras chinas…
   c) Recreación por escrito.

   – Componer el final si nos ha sido dejado en suspenso, o un nuevo final alternativo al que ofrece el/la autor/a.
   – Tomar los personajes principales y componer una nueva historia.
   – Cambiar el tiempo o lugar en el que se desarrollan los hechos.

- Introducir nuevos personajes y comprobar si se altera el argumento.
- Desarrollar el camino no elegido por el protagonista cuando éste se encuentra ante una disyuntiva.

La finalidad de este tipo de actividad lectora, según los autores antes mencionados, es conseguir que los alumnos amplíen sus habilidades e intereses más allá de los textos básicos; para que desarrollen técnicas adicionales de discusión, las habilidades de organización y utilización de la biblioteca, las de investigación y la capacidad de trabajar de forma autónoma, o en pequeños grupos; para reforzar su valoración de la buena literatura; y para fomentar el hábito de lectura como una práctica de por vida.

Finalizaremos este apartado con el comentario de que para los principales estudiosos del niño superdotado, la selección del tema de estudio y su profundización por parte del alumno mediante su propia investigación, tendrían que ser la piedra angular de cualquier currículum para estudiantes superdotados. La investigación a través de la lectura podría ser una buena forma de dar respuesta a tal necesidad, dado que a través de la lectura los estudiantes más capacitados pueden investigar de forma independiente alguna área que les interesase especialmente.

Cassidy (1981) nos ofrece los pasos que se tienen que seguir para llevar a cabo la investigación a través de la lectura a lo largo de cuatro semanas:

1. Primera semana

   a) Definición de «investigación».
   b) Presentación de los requisitos.
   c) Discutir áreas de interés.
   d) Formulación de preguntas.
   e) Discusión de consultas bibliográficas y otros recursos.
   f) Revisar los procedimientos de entrevista.
   g) Establecer la idea del proyecto distribuyendo las actividades.
   h) Desarrollar la línea de trabajo.

2. Segunda y tercera semana

   a) Revisión de las notas tomadas.
   b) Localizar referencias.

c) Archivar material.
d) Compartir problemas y triunfos.
e) Entrevista individual.
f) Construcción del proyecto.

3. Cuarta semana

a) Completar el proyecto.
b) Repaso del trabajo.
c) Presentación de los proyectos a una audiencia «externa».
d) Trabajo de evaluación.

Como es fácil deducir, estas actividades para fomentar la lectura son útiles para todos los alumnos y alumnas de la clase pero en especial para los niños y niñas superdotados, ya que todas ellas reclaman un pensamiento divergente y pueden dar rienda suelta a su creatividad.

13

Los alumnos con necesidades educativas especiales como protagonistas de los libros

Es fundamental que existan libros en los que el protagonista sea el propio niño con necesidades educativas, ya que los alumnos con hándicap se encuentran a sí mismos representados; ven en las ilustraciones y oyen la lectura de hechos sobre niños como ellos, su vida, sus sentimientos, sus problemas... necesitan también sentirse protagonistas como los demás compañeros.

Los alumnos con discapacidades mentales, discapacidades físicas o con otros hándicaps no ven casi nunca a niños o niñas como ellos en la televisión o en el cine, a no ser que el programa se refiera específicamente a ellos, de ahí la necesidad que antes apuntábamos.

Lo cierto es que, pese a tal necesidad, hay muy pocos en el mercado editorial, sobre todo los que se refieren a niños o niñas con discapacidad mental, y algunos de estos libros tratan a sus protagonistas de una forma inadecuada.

Actualmente, sin embargo, se vislumbra en el panorama editorial una tendencia progresiva a incorporar temáticas en las que el protagonista es un niño o niña o joven con hándicap, con un tratamiento alejado de prejuicios y estereotipos, lo que ayuda a crear actitudes positivas hacia estas personas «diferentes».

Este último punto lo consideramos de vital importancia, ya que la existencia de actitudes positivas hacia los alumnos con necesidades educativas en el aula ordinaria se considera imprescindible para que éstos consigan una plena integración. A menudo, el rechazo que sufren los alumnos con hándicap por parte de sus compañeros, es debido a prejuicios y estereotipos que ponen de manifiesto una falta total de información y de contacto con estas personas.

Creación de actitudes positivas

Uno de los principales objetivos del profesor, será, pues, el combatir estos prejuicios y estereotipos y crear actitudes positivas hacia el niño o niña con hándicap. A pesar de que existen muchas actividades que realizar en el aula ordinaria para lograr el objetivo anterior, han resultado eficaces las siguientes (Monereo,1987):

1. Simulación de disminuciones. (Se simula la deficiencia con el fin de que adquieran vivencia las limitaciones que impone el hándicap.)
2. Charlas con un afectado.
3. Grupos de discusión.
4. Juegos colectivos. (No competitivos en los que participen alumnos con hándicap o sin él.)
5. Elaboración de un trabajo/informe
6. Contacto directo (a través de visitas muy estructuradas de centros integrados o centros específicos donde el niño con hándicap realice actividades atractivas en ambientes sin restricción).
7. Contacto a través de los medios de comunicación (fundamentalmente mediante el vídeo).

Nosotros destacamos como actividad fundamental, para cambiar las actitudes, la lectura de libros en los que el protagonista sea un niño o niña con hándicap siempre y cuando éste sea tratado sin ningún tipo de prejuicio ni estereotipo: los compañeros del alumno con hándicap deben mirarlo no para ver su incapacidad, sino sus habilidades latentes o evidentes.

Si es importante crear actitudes favorables hacia los alumnos con hándicap en el aula ordinaria, no lo es menos crearlas en el seno de la sociedad y en ello tienen un papel de primer orden los medios de comunicación. Hay que rechazar la imagen del hándicap que han dado muchos medios de comunicación de masas:

- como lastimoso y conmovedor;
- como objecto de violencia;
- como siniestro y/ o diabólico;
- como un ser asexuado o pervertido;
- como un ser con «superpoderes»;
- como excusa para el ridículo;
- como excusa para crear ambientes morbosos;
- como carga (Biklen y Bogdan, 1979).

Es por todo ello que las Naciones Unidas convocaron a un grupo de trabajo de especialistas de todo el mundo para la formulación de directrices encaminadas a mejorar la presentación e imagen de las personas con discapacidad en los medios de comunicación; el objetivo fundamental de las directrices era el de presentar a las personas con discapacidad de forma que, siempre que fuera posible, se demostrara su participación variada, positiva y multidimensional en la sociedad.

Las recomendaciones que se elaboraron (Varios,1988) fueron las siguientes:

1. Presentar a las personas con discapacidad en el hogar, el trabajo, la escuela, los ratos de ocio y en una variedad de situaciones sociales y físicas ordinarias.
2. Tener en cuenta la curiosidad natural y la ocasional posición embarazosa que puede producirse en situaciones sociales que incluyen a personas con discapacidad. Cuando fuese apropiado, proporcionar ejemplos en los que, en forma positiva, dicha curiosidad sea satisfecha y en los que la reacción embarazosa se superara.
3. Presentar a las personas con discapacidad como parte de la población que, de forma general, aparece en los mensajes de los medios de comunicación, aparte de aquellas producciones y textos en los que el argumento relativo a las personas con discapacidad constituye el tema principal.
4. Evitar presentar a las personas con discapacidad como dependientes o en estado lastimoso. Otros estereotipos que deben evitarse son las personas con discapacidad como objetos intrínsecos de veneración, como asexuales o singularmente dotadas de una habilidad especial causada por la deficiencia.
5. Considerar cuidadosamente las palabras utilizadas para descubrir o caracterizar a las personas con discapacidad. Detectar y

evitar frases que puedan rebajar a dichas personas. Expresiones negativas:

- «víctima»;
- «ruina humana»;
- «ciego como un topo»;
- «sordo como una tapia»;
- «retrasados»;
- «sufre de...»;
- «tullido»;
- «inválido»;
- «confinado a una silla de ruedas»;
- «retrasado».

6. Preséntese a las personas con discapacidad de la misma forma multidimensional que a las demás.
7. Presentar los logros y las dificultades de las personas con discapacidad sin insistir indebidamente en la deficiencia o exagerar o cargar emocionalmente la situación. Por ejemplo, en los argumentos de las noticias y en los informes documentales, sólo debe señalarse el hecho de que una persona tiene una discapacidad cuando es directamente pertinente.
8. Debe proporcionarse información al público sobre la prevención y tratamiento de aquellas deficiencias que pueden llegar a convertirse en discapacidad, así como sobre la disponibilidad y existencia de servicios para las personas con discapacidad y para sus familias. Esto puede hacerse a través de campañas de información pública y también puede integrarse dentro de la producción general de los medios de comunicación.

En líneas generales, hay que desechar los libros que presentan al alumno con discapacidad como el más guapo, el más fuerte y el más inteligente de todos, como una forma de compensar su discapacidad. De la misma manera deben rechazarse aquellos que presenten a las personas que trabajan con niños o niñas impedidos como seres extraordinarios.

Tampoco deben utilizarse los que tienen recuperaciones milagrosas o instantáneas, o bien aquellos en que los alumnos con discapacidad son tratados de una forma impersonal.

Y por último, aquellos que se centran en su discapacidad o dan información falsa sobre ellos, también deben rechazarse.

Por contra, deben seleccionarse aquellos que den una buena información, posibilidades de identificación y experiencias literarias valiosas.

Los libros que presentan personas adultas impedidas que supongan un modelo competente para los niños y niñas, también deben seleccionarse.

Las biografías de personajes famosos impedidos, ofrecen a los profesores abundante material para conseguir cambios decisivos en la actitud de todos los niños del aula integrada. (El profesor puede seleccionar, por ejemplo, de los cien personajes famosos en la historia universal —Biblioteca Salvat de grandes biografías—, los personajes que más le interesen para el fin didáctico que persigue.)

La secuencia didáctica que podría seguirse, según Alcántara (1988), para trabajar en clase el tema de los personajes famosos y ejemplares, sería:

1. Motivación.
2. Exposición del modelo representado (mediante la lectura, la narración...).
3. Comentario dialogado entre educador y educando acerca de los aspectos relevantes observados, los fotogramas, escenas o cuadros más expresivos, etc.
4. Señalar los beneficios obtenidos con la conducta ejemplar del modelo para él mismo y para la sociedad.
5. Imitación o compromiso de imitación con el consiguiente refuerzo si se ha emitido la respuesta.

Libros con personas discapacitadas como protagonistas

Repasando la producción de este tipo de libros publicados en España en que las personas con hándicaps o con necesidades especiales son pratágonistas, destacamos, clasificados por temáticas los siguientes títulos, indicando la edad aproximada en la que se pueden leer provechosamente.

Temática sobre discapacidades sensoriales

• *Unos chicos especiales*, Rachel Anderson, Alfaguara. Desde 9 años. Ocho situaciones diferentes que les suceden a otros tantos chicos que padecen distintos tipos de minusvalías.

- *El vecino prohibido*, Xavier Bertrán, Edebé. Desde 12 años. El rechazo que sufren las personas que padecen elefantiasis, y todo porque no sabemos mirar más allá de la apariencia externa. Obra llena de amistad, de lucha y de esperanza.
- *Los sueños de Bruno*, Rodrigo Rubio, S. M. Desde 12 años. Bruno tenía un defecto físico, el cuello le crecía a una velocidad sin freno mientras la cabeza seguía tan pequeña como siempre.
- *Informe sobre ciegos*, Alberto Breccia, Ediciones B. Desde 15 años. Cómic. Un relato convulsivo e inquietante, adaptación de un relato de Ernesto Sábato.
- *El saltamontes verde*, Ana María Matute, Lumen. 8 años. Un niño sordomudo tiene un amigo muy singular.
- *Paulina*, Ana María Matute, Lumen. 10-12 años. Una pequeña huérfana tiene un amigo ciego.
- *El mundo de Ben Lighthant*, Joapter Haar, S.M. Desde 12 años. La vida de un joven que se ha quedado ciego a causa de un accidente. Poco a poco irá descubriendo que hay cosas que un ciego puede advertir mejor que un vidente y que hay otras cosas que no por estar ciego debe dejar de hacer.
- *Sis punts a part*, Enric Bayé/ M. Arànega, Aliorna/ONCE. 8 años. Cuento sobre un niño ciego al que le gustan mucho las historias, escrito en homenaje al hombre que hizo posible que los ciegos pudiesen leer: Louis Braille.
- *Dan y David*, A. Ballbé, Asociación de usuarios de perros guía. Barcelona. El padre de David se queda ciego. Gracias a la insistencia de David, su padre se decide a emplear un perro guía, *«Dan»*. Con él podrá seguir llevando una vida normalizada.
- *Els nens dels ulls tancats*, L. Durdikova, La Galera, col. Cronos. La protagonista de esta historia es una muchacha de 18 años, Clara, y seis niños ciegos que ha elegido para acompañarlos de vacaciones durante todo el verano. Clara intenta crear unos puentes para franquear la separación existente entre el mundo de los videntes y el de los invidentes y así mantener una relación simplemente normal entre los seres humanos.
- *El diari d'en Marcel*, Comes, Gabriel, La Galera. Barcelona. Marcel recibe una fuerte impresión cuando se da cuenta de que su nueva compañera Gemma es ciega. No sabe qué hacer ni como comportarse. Pero poco a poco va entrando en el mundo de Gemma que, para él, es totalmente desconocido. A partir de 10 años.

Temática sobre discapacidades físicas

- *Andrés y el niño nuevo,* Nancy Carlson, Espasa Calpe. Desde 6 años. Enrique, un niño parapléjico, acaba de llegar por primera vez al colegio y, como todos los niños, tiene necesidad de amigos.
- *Elieta,* Xavier Bertran, Edelvives. Desde 15 años. Elieta está sola. Desde su silla de ruedas ve transcurrir los días por la ventana. Inmóvil, como ella, el mundo comienza a andar a través de otra persona.
- *A trompicones,* Mirjam Pressler, Alfaguara. Desde 15 años. Un adolescente discapacitado,Thomas, arrastra un aparato ortopédico, un artificio que simboliza sus complejos y su drama personal.
- *Kathrin habla con sus ojos,* Lemer, K, Gemmel, S. Ministerio de Trabajo y Asuntos Sociales. Centro Estatal de Autonomía personal y ayudas técnicas, Madrid. Narra la historia autobiográfica de Kathrin, la autora. No puede hablar ni andar y utiliza un tablero de letras para comunicarse. Su historia muestra que aunque Kathrin no hable, tiene mucho que decir. Quiere contar a los demás lo que siente, lo que es importante para ella, y cómo son sus días.
- *La flaca y el gordo,* José Luis Olaizola, S.M., Madrid. Es un cuento divertido donde las diferencias físicas son tratadas de un modo delicado, valorando los sentimientos de las personas y los valores humanos que poseen. A partir de 7 años.
- *Eclipse de sol,* A. Lijánov, S/M., col. Barco de Vapor. A partir de 12 años. Una ventana y un palomar son los causantes de que Lena, una joven paralítica, y Fedra, un muchacho de quince años, traben relación. Su amor es como un oasis en medio de la desgracia. Sin embargo, Lena no puede olvidar su constante vinculación a la silla de ruedas.
- *Tienes que vivir,* Juan Ruiz Acosta, Santillana. 13-14 años. Después de un accidente, un explorador queda paralizado.
- *La piedra de toque,* Montserrat del Amo, S.M., Madrid. Desde 12 años. Ésta es la historia de Fernando, un paralítico cerebral que consigue superarse y llegar a ser médico especializado en su propia enfermedad.
- *La hija del mañana,* Bárbara Corcorán, S.M. 12 años. La historia de una niña epiléptica.
- *¡Suelta el globo!,* Southall, I., S.M., Madrid. A partir de 12 años. John es un chico de doce años con ataques espásticos. Cuando John atraviesa una crisis no puede coordinar sus músculos y tartamudea.

- *Los enanos de Mantua,* Gianni Rodari, S.M. Primeros lectores. Los enanos de Mantua viven en pequeñísimas habitaciones y no hacen más que lamentarse por haber nacido enanos. El libro enseña que todas las personas son útiles a la sociedad y han de ser aceptados tal como son.
- *El soldadito de plomo / El soldadet de plom,* Andersen, H. C., Hymsa, Barcelona. Un soldadito de plomo al cual le falta una pierna se enamora de una bailarina.
- *Rocky el trapero,* Vallverdú, J, La Galera. Barcelona. Rocky, un trapero de 10 años, tiene una amiga, Clara, cuyas piernas están paralizadas.
- *El premio,* Puncel, M., Altea. Relato de un niño con deficiencias físicas que no puede correr como sus compañeros.
- *¿Qué fue de Girbel?,* Härtling, P, Lóguez ediciones, Salamanca. A partir de 12 años. Girbel nace en el seno de una familia conflictiva y además nace con una lesión cerebral a causa de un parto difícil... Estas circunstancias hacen que pase su infancia en clínicas e instituciones para niños difíciles.
- *Un lugar para Katrin,* Willi Fährmann, S.M. A partir de 9 años. Katrin es una niña marginada por un defecto físico en la cara. La ayuda de su tía le permite salir de la marginación.

Temática sobre discapacidades mentales

- *Alejandro no se ríe,* Alfredo Gómez Cerdá, Anaya. Desde 9 años. Historia de un niño con retraso mental, que un buen día aparece en la vida de nuestro protagonista: un niño que se siente discriminado por el hecho de llevar gafas.
- *Haced sitio a mi hermano,* Juan Ignacio Herrera, Noguer. Desde 9 años. Diego e Iván son dos hermanos completamente diferentes: Diego es autista. Por este motivo es odiado por su hermano, que no tolera que alguien sea diferente.
- *Una hermana como Danny,* Rolf Krenzer, Rialp. Desde 9 años. La hermana de Oliver es disminuida psíquica. Él la quiere, pero no puede tolerar que otras personas lo vean por la calle con ella, ni mucho menos que lleguen a saber que es su hermana.
- *El calcetín del revés,* Lucila Mataix, Bruño. Desde 9 años. Amadeo siente un amor sincero y especial por su hermana y por su abuelo.

Ella es una niña con retraso mental y su abuelo tiene demasiada imaginación... pero no todo el mundo es capaz de aceptarlos.

- *Senén,* José Luis Olaizola, S.M. Desde 12 años. Senén es un jugador de fútbol. Algunos lo calificarían como persona con capacidad intelectual límite o incluso como retrasado mental, pero la mayoría de sus amigos, compañeros de equipo e incluso periodistas lo aceptan tal como es.
- *Jacobo no es un pobre diablo,* Gabriele Heiser, S.M. Madrid, col. El Barco de Vapor. 7 años. Narra la historia de Jacobo, un albatro que no sabe volar, por lo que el concejo de ancianos quiere expulsarlo. Sus padres evitan su expulsión y hacen comprender a los demás que, aunque no vuela, puede hacer otras muchas cosas. La autora escribió este libro para su hijo, deficiente mental, de cinco años.
- *Todos tenemos hermanos pequeños / Els germans petits de tothom,* J. M. Espinàs, La Galera. 7 años. La historia de dos hermanos. El mayor atiende al hermano pequeño con deficiencia mental. La familia trata de aceptarlo tal como es.
- *No os llevéis a Teddy,* Friis-Baastad, B, Juventud, Barcelona. A partir 12 años. Mikkel se lleva a su hermano Teddy que es un niño con deficiencia mental, a un partido de fútbol. Mikkel es agredido y su hermano sale en su defensa hiriendo al contrario. Mikkel se escapa con su hermano para evitar que éste vaya a la cárcel.
- *Viento salvaje de verano,* Bo Carpelan, S.M., col. Barco de Vapor. 2.ª edición. A partir de 12 años. Aquel verano en la Punta de los Pinos fue muy especial. Johan conoció a Nora, una muchacha que sabía dónde estaban todos los secretos y los tesoros, y a Marvin, un chico al que los demás tildaban de retrasado mental.
- *L'Estiu dels cignes,* Betsy Byars, La Galera, col. Els Grumets de Mar Enllà. A partir de 12 años. Durante unos días de verano, un niño con deficiencia mental, Charlie, queda fascinado por la belleza de unos cisnes. Intentando volver a verlos, se pierde en el bosque. Sólo su hermana, que lo conoce muchísimo, será capaz de encontrarlo.
- *Los mejores amigos,* R. Anderson, Alfaguara. Bea tiene síndrome de Down y quiere que los mejores amigos de su hermana lo sean también suyos. A partir de 8 años.

Temática sobre etnia gitana

- *El muchacho del río,* Michel-Aimé Baudouy, Espasa-Calpe. Desde 12 años. Jean-Louis es un chico gitano que vive junto a su familia en un pueblecito francés. Es solitario, taciturno y en ocasiones hasta resulta huraño. Tiene sobradas razones para ello.
- *La loba y el gitano,* Günter Feustel, La Galera. Desde 12 años. Para Antonín, un niño gitano que vive en un pueblecito de Eslovaquia, es un verdadero martirio tener que ir al colegio porque allí sufrirá desprecio e indiferencia.
- *No te laves las manos, Flanagan,* Andreu Martín y Jaume Ribera, Anaya. Desde 12 años. El dedo acusador de una justicia de conclusiones fáciles señalará como culpable a la verdadera víctima del relato: aunque las circunstancias no sean concluyentes, hay una que por decreto lo hace sospechoso: es gitano.
- *Patatita,* Pilar Molina, S.M., col. El Barco de Vapor. Patatita, un niño gitano, y su perro *Caldero* quieren conocer aquel pueblo. *Caldero* desaparece y Patatita se pierde al ir a buscarlo. Primeros lectores. A partir de 6 años.
- *Historia de Pimmi,* Ursula Wölfel, Noguer, Barcelona. Pimmi y los gitanos y gitanillos que intervienen en la obra viven un montón de aventuras en el contexto de la Europa nórdica. A partir de 11 años.
- *Romaníes,* Marta Osorio, Anaya, col. El Duende Verde. Narra la historia de Lole y Sebastián, dos niños gitanos, y sus familias. A partir de 7 años.
- *Las aventuras de Tintín: Las joyas de la Castafiore,* Hergé, Juventud, Barcelona. A partir de 7 años.
- *Prohopol,* Ricardo Alcántara; Asun Balzola, La Galera, Un niño gitano viaja con sus padres en una carreta. A partir de 6 años.
- *Manuela,* Marta Osorio, Edebé, Barcelona. A través de coplas flamencas de tradición popular nos cuentan la historia de una niña gitana desde su nacimiento hasta que se pierde en la feria de un pueblo. A partir de 6 años.
- *El gato de los ojos color de oro,* Marta Osorio, Susaeta, Madrid. Es una historia de amistad entre Chamorrito, un niño granadino que vive en una cueva del Sacromonte, y un misterioso gato. A partir de 9 años.
- *La del último banco,* María Halasi, Juventud, Barcelona. Una niña gitana llega a Budapest y empezará a ir a la escuela donde maestras

y alumnos van perdiendo sus prejuicios y van dejando salir a la niña gitana del último banco de la clase. A partir de 12 años.
- *Yoska,* Edurne Goikoetxea, Caritas Diocesana, Bilbao. Yoska, un niño gitano y su abuelo son los personajes que a través del diálogo dan a conocer algunos elementos que componen la historia, cultura y realidad actual de los gitanos. 8-12 años.
- *Alerta blanca,* Ortega, Edicions B, Barcelona. Una familia gitana recorre el país con su carro a la búsqueda de trabajos eventuales que les permita sobrevivir. 6-12 años.

Temática sobre Inmigración. Marginación/Racismo

- *Samir*, M. Àngels Ollé, Onda, Barcelona. Vida de un niño marroquí de la ciudad de Tánger.
- *Búxara,* M. Àngels Ollé, Rosa Sensat, Barcelona. Narra la vida de una niña de Marruecos en un pueblecito de un valle del Atlas.
- *El marroquí que vendía primave*ras, Alonso, E, Aguaclara, Alicante.
- *Cuentos negros para niños blancos,* Cendrars, B, Espasa-Calpe, Madrid.
- *¿Quién cuenta las estrellas?,* Lois Lowry, Espasa-Calpe. Desde 9 años. Historia para conocer la realidad danesa durante la ocupación nazi. El valor de una familia para apoyar a sus amigos judíos, a los que incluso llegan a salvar la vida poniéndose en peligro; es una muestra de tolerancia y buena relación entre diferentes culturas.
- *El amigo indio*, Jean Touvet, Edebé. Desde 9 años. Un niño conoce en el autobús a otro niño de origen indio que, sin embargo, tiene muy poco que ver con los indios que él imagina.
- *Estrella fugaz,* Úrsula Wölfel, Susaeta. Desde 9 años. Estrella fugaz es un niño indio que vive atrapado entre dos formas de vida diferentes. Por un lado la india, a la cual pertenece, y por otro la del hombre blanco.
- *A veces soy un jaguar,* Liva Willems, S.M. Desde 12 años. Pedro, un niño de una tribu india de Brasil, cuenta su vida y la de su familia como esclavos en una hacienda de Mato Grosso.
- *Ángel, el equilibrista,* Quentin Blake, El Arca de Junior. De 3 a 8 años. La alegría de una familia, propietaria de un circo ambulante, y el encuentro de uno de los hijos con una triste muchacha maltratada centran esta historia de amor con final feliz.

- *Yo soy una estrella,* Inge Auerbacher, Lóguez. Desde 12 años. Relato autobiográfico en el que la autora recuerda, tenía entonces 7 años, la negra historia del nazismo, la persecución, deportación y exterminio de los judíos en la Alemania de Hitler.
- *El viaje de los gorriones*, Daisy, Buss, Fran Leeper y Cubias, Espasa-Calpe. Desde 12 años. La historia presenta las penalidades del viaje desde El Salvador a Estados Unidos de tres hermanos que huyen de la guerra y se convierten en inmigrantes clandestinos en un país donde encontrarán rechazo, racismo y duros trabajos.
- *Cuando Hitler robó el conejo rosa,* Judith Kerr, Alfaguara. Desde 12 años. Relato autobiográfico, basado en la experiencia de la familia de la autora, obligada a huir de la Alemania nazi. Ana se ve repentinamente privada de su país y de otras muchas cosas queridas. Su perdido conejo rosa de peluche simboliza su infancia arrebatada.
- *¡Qué suerte hemos tenido con Paule!,* Kirsten Boie, Alfaguara, Madrid. Esta novela aborda el racismo a través de la historia de Paule, un niño negro alemán, de 9 años, que es adoptado. A partir de 9 años.
- *L'únic rebel*, Pierre Pelot, La Galera, col. Els Grumets de Mar Enllà. Es la historia de Aik Talajta, indio navajo, que vive en una reserva y se rebela ante una orden abusiva. También plantea su relación con Chonga, que será toda la vida como un niño de 10 años dentro de un cuerpo de un hombre hecho y derecho.
- *La casa d'en Gatus*, Mercè Company, La Galera, col. La Gavina. Basado en un hecho real, es una historia sobre la vida de unos marginados. Gatus y los dos abuelos enamorados son el centro de atención de la vida de un pueblo que reacciona acogiendo favorablemente a estas personas que, por razones de vida, se han encontrado sin una casa, sin un trabajo y sin medios de subsistencia que les permita conseguirlo. A partir de 8 años.
- *Bonadea*, Irmelin Sandman, S.M., col. El Barco de Vapor. 2.ª ed. A partir de 12 años. Bonadea es una niña de un orfanato. Un día lo abandona y se refugia en una pequeña ciudad finlandesa situada junto al mar: Tulavall. Despierta y dispuesta a ayudar a todos, encuentra casa y muchos amigos.
- *Mai*, Hilda Perera, S.M. A partir de 12 años. En el colegio alguien dice a Mai que es adoptada y la niña queda preocupada. Su madre le explica el hecho.

- *Fet un fàstic*, Wolfgang Gabel, La Galera, xol. Cronos. Historia basada en hechos reales: Peer, joven drogadicto que tras dura lucha logra reahabilitarse.
- *Juan Chorlito y el indio invisible*, Janosch, S.M, A partir de 7 años. Juan Chorlito es un niño intimidado, desplazado y marginado en la escuela. Su amigo indio invisible cambia toda su situación.

De lo dicho hasta aquí, se desprende el hecho de que es preciso que los niños con necesidades educativas ocupen un lugar natural en los libros de niños de aula ordinaria y que no figuren como protagonistas sólo en libros especialmente editados para ellos.

Referencias bibliográficas

ACEREDA, A.; SASTRE, S.: *La superdotación.* Madrid, Síntesis, 1998.

AGUIRREGOMOZCORTA, P.: «Trastornos de la motricidad» en PALLISERA, M.: *Educació diferenciada com a innovació educativa*, Gerona, Universitat de Girona, 1993.

ÁLVAREZ, M. F.: «Acceso al currículum», en ÁLVAREZ, M. F. (coord.): *Aspectos evolutivos y educativos de la deficiencia visual,* vol. II. Madrid, ONCE, 2000.

ÁLVAREZ, D.; LEYTON, A.: *Comunícate con nosotros,* Madrid, ONCE, 1995.

ARTIGA, C.: *El material escolar*, Barcelona., EUMO, 1984.

ALCÁNTARA, J. A.: *Cómo educar las actitudes*, Barcelona, Ceac, 1988.

BAMBERGER, R.: *La promoción de la lectura,* Barcelona, Unesco, 1975.

BARRAGA, N.: *Programa para desarrollar eficiencia en el funcionamiento visual* (3 vol.), International Council for Education of the Visually Handicapped. Córdoba, Argentina, Región Latinoamericana, 1983.

BETTELHEIM, B. ZELAN, K.: *Aprender a leer*, Barcelona, Crítica, 1982.

BILKEN, D.; BOGDAN, R.: «Media portrayals of disabled people. A study in etereotypes», *Deficience Mentale Retardation,* 29,4, october, 1979.

BISQUERRA, R.: *Desarrollo didáctico de la eficiencia lectora,* Tesis Doctoral, Barcelona, Universidad de Barcelona, 1980.

BARCELONA, BLAY, LISBONA, SALINAS, SALVADOR:
- *Cuento.*
- *Libro del profesor.*
- *Fichas de trabajo.*
Direcció General de Centres i Promoció Educativa. Generalitat Valenciana, 1989.

BRENNAN, W.: *El currículo para niños con necesidades especiales.* Madrid, M.E.C., Siglo XXI, 1988.

BRUECKNER, L. J; BOND, G. L.: *Diagnóstico y tratamiento de las dificultades en el aprendizaje,* Madrid, Rialp, 1975.

BUENO, M; TORO, S. (coord.): *Deficiencia visual. Aspectos psicoevolutivos y educativos,* Málaga, Aljibe, 1994.

BURNS, P.; ROE, B.; ROSS, E.: *Teaching reading in today's elementary schools,* Boston, Houghton Mifflin Company, 1984.

BUTTERY, T.; MASON, G.: «Reading improvement for mainstream children who are mildly mentally handicapped», *Reading Improvement,* 16. 1979.

CANO, GIMENEZ: *Historietas,* Valencia, Direcció General de Centres i Promoció educativa, Generalitat Valenciana, 1989.

CAÑADELL, R. M.: «Els nous reptes de l'ensenyament: la interculturalitat», en CABONELL, F. *Sobre interculturalitat. Documents de treball de la tercera i quarta Escola d'Estiu sobre Interculturalitat,* Gerona, 1994.

CASSIDY, J.: «Inquiry reading for the gifted», *The Reading Teacher,* october, 1981.

CERVERA, J.: *La literatura infantil en la educación básica,* Madrid, CincelKapelusz, 1984.

CHECA, F. J.: «La evaluación psicopedagógica», en CHECA, F. J. (coord.): *Aspectos evolutivos y educativos de la deficiencia visual,* vol. I, Madrid, ONCE, 2000.

CLARK, C. R; DAVIES, C. C; WOODCOCK, R. N.: *Standard Rebus Glossary,* Circle Pines M.N, American Guidance Service, 1974.

CLEMENTE, R. et. al.: *Ceguera,* Madrid, SEREM, 1979.

CLEMENTE, R. A; CODES, S.: «La adquisición lingüística y los inicios lectores en el hogar: la tarea de mirar cuentos con adultos de apego», en *Cultura y Educación.* 11/12, 1998.

CODINA, M; VALLS, C.: «La lectoescriptura en els alumnes deficients visuals», en *Suports,* vol. 4, núm. 1, Eumo Editorial, Universitat de Vic, 2000.

COLOMER, T.: *Introducción a la literatura infantil y juvenil,* Madrid, Síntesis Educación, 1999.

COMES, G.: «La lectura en la escuela», *Apuntes de educación.* Lengua y literatura. n.º 11, Anaya, 1983.

COMES, G.: «La promoció de la lectura. Una qüestió primerenca», en *Perspectiva Escolar*, n.º 99, 1985.

COMES, G., FUENTES, E.: «Emigración y escolarización marroquí en Tarragona», en COMES, G.; GISBERT, M. (coord.): *La necesidad de una educación para la diversidad.* Actas de las X Jornadas Nacionales Universidad-educación especial, Tarragona, El Mèdol, 1993.

COOPER, J.: *Cómo mejorar la comprensión lectora*, Madrid, Aprendizaje Visor/ MEC, 1990.

CUBELLS, F.: «La literatura infantil». En LEBRERA, M.ª P.: *Especialización del profesorado de educación infantil (0-6 años).* Módulo 3, Madrid, UNED, 1997.

CURTIS, J; DEMOS, G; TORRANCE, E.: *Implicaciones educativas de la creatividad*, Madrid, Anaya, 1978.

CHAPMAN, E. J.; TOBIN, M. J. (coord).: *Mira y piensa*, Madrid, ONCE, 1986.

DÍEZ I CUBELLS: *Lectura del niño y literatura infantil,* Madrid, ICE, 1973.

DOMECH, C, MARTÍN, N.; DELGADO, M.ª C.: *Animación a la lectura*, Madrid, Popular, 1994.

DURÁN, J. M.: «Recursos materiales y adaptaciones específicas», en CHECA, F. J. (coord.): *Aspectos evolutivos y educativos de la deficiencia visual*, vol. I, Madrid, ONCE, 2000.

EISENBARTH, J; GREEN, L; SLOAN, M.: «Instancias mágicas con los medios audiovisuales y otros recursos», en MONSON, D. y MCCLENATHAN, D.: *Crear lectores activos. Propuestas para padres, maestros y bibliotecarios*, Madrid, Aprendizaje-Visor, 1989.

ESPEJO, B.: *El Braille en la escuela*: *Una guía práctica para la enseñanza del braille,* Madrid, ONCE, 1993.

ESTAUN, P; ESPEJO: *Guía para padres y educadores de niños ambliopes,* Málaga, Asociación ASPAHIDEV, 1986.

FERNÁNDEZ HUERTA, J.: «Medidas sencillas de lecturabilidad», *Consigna,* enero, 1959.

FERNÁNDEZ M. P.: «Dificultades de audición», en MOLINA, S: *Bases psicopedagógicas de la Educación Especial,* Alcoy, Marfil, 1995.

FEUERSTEIN, R.: *Instrumental Enrichment. An Intervetion Program For Cognitive Modificability,* Baltimore, University Park Press, 1980.

FREEMAN, J.: *Los niños superdotados.* Aula XXI, Madrid, Santillana, 1988.

GALLIFA, J.: *Feuerstein. Perspectiva teòrica, Programa d'Enriquiment Instrumental i Sistema per a l'Avaluació pel Potencial d'Aprenentatge,* Raima, Moià, 1990.

GARCÍA, L.: «Valor didáctico de la ilustración». *Diccionario de las CC EE,* Madrid, Santillana, 1983.

GARCÍA, J. A.: *Actividades físicas y deporte para minusválidos,* Madrid, Campomanes Libros, 1992.

GARCÍA, J. L. et al.: «El relieve en el aula. Modelos y recursos», en *Actas del congreso estatal sobre prestaciones de servicios para personas ciegas y deficientes visuales,* vol. 4, Madrid, ONCE, 1996.

GARCÍA, A. (coord.): *Niños y niñas con parálisis cerebral,* Madrid, Narcea, 1999.

GARCÍA-YAGÜE, J. et al.: *El niño bien dotado y sus problemas,* Madrid, CEPE, 1986.

GÓMEZ, V.; MARTÍN, J.; SÁNCHEZ, J. P.: «El matereial en la didáctica del deficiente visual», en BUENO, M; TORO, S. (coord.): *Deficiencia visual. Aspectos psicoevolutivos y educativos,* Málaga, Aljibe, 1994.

GRUPO DE ENSEÑANTES CON GITANOS DE ADARRA: *Papel del profesorado de E.G.B. con niños y niñas gitanas,* Bilbao, Cuadernos de Adarra, n.º 30, 1990.

HAMPSHIRE, B.: *La práctica del Braille,* UNESCO, 1981.

HEESE, G.: *La estimulación temprana en el niño discapacitado,* Buenos Aires, Panamericana, 1986.

HERRANZ Y RODRÍGUEZ: *Los deficientes visuales y su educación en aulas de intgración,* Madrid, UNED, 1986.

HERREN, H.; GUILLEMET, S.: *Estudio sobre la educación de los niños y adolescentes ciegos, ambliopes y sordociegos,* Barcelona, Médica Técnica, 1982.

HURLOCK, E.: *Desarrollo del niño,* Madrid, McGrawHill, 1982.

JUNE, C.: «Educación del superdotado: tendencias significativas», en MORRIS/BLAT: *Educación Especial. Investigaciones y tendencias.* Buenos Aires, Panamericana, 1989.

KIRK, S. et al.: *Teaching Reading to Slow and Disabled Learners,* Boston, Houghton Mifflin Company, 1978.

LAFON, J. C.: *Los niños con deficiencias auditivas,* Barcelona, Masson, 1987.

LEONHARDT, M.: *El bebé ciego. Primera atención. Un enfoque psicopedagógico,* Barcelona, Masson/ONCE, 1992.

LIEGEOIS, J. P. (redactor del informe): «La escolarización de los niños gitanos y viajeros», *Informe síntesis. Comisión de las Comunidades Europeas,* 1986.

LÓPEZ, N.: *Cómo evaluar textos escolares.* Madrid, Cincel/Kapelusz, 1982.

LÓPEZ MELERO, M.: «Formación de las personas con síndrome de Down: para la autonomía y no para la dependencia», en FLÓRREZ TRONCOSO y DIERSEN (dir): *Síndrome de Down: biología, desarrollo y educación. Nuevas perspectivas,* Barcelona, Masson, 1997.

MARCHESI, A.: *El desarrollo cognitivo y lingüístico de los niños sordos,* Madrid, Alianza, 1987.

MARTÍN, I.: «Utilización del libro como ejercicio básico en un programa de estimulación precoz», en *Desajustes sociales y problemas de conducta en la infancia y adolescencia,* Madrid, III Congreso Internacional AEDES, 1986.

MARTÍN-BLAS, A.: «El aprendizaje del sistema Braille», en ÁLVAREZ, M. F. (coord.): *Aspectos evolutivos y educativos de la deficiencia visual,* vol. II, Madrid, ONCE, 2000.

MASPETIOL, R. et al.: *La educación del niño sordo,* Buenos Aires, 1971.

MAYER, R.: *SPC. Símbolos pictográficos para la comunicación (no vocal,* MEC, Madrid, FUNDESCO, 1981.

MCINNES, J; TREFFRY, J.: *Guía para el desarrollo del niño sordociego,* Madrid, MEC / Siglo XXI, 1988.

MONEREO, C.: *Areas de intervención del psicólogo de la educación en la integración escolar del alumno con necesidades educativas excepcionales,* Madrid, Federación Ecom, 1987.

MONFORT, M; ROJO, A; JUAREZ, A.: *Programa elemental de comunicación bimodal,* Madrid, CEPE, 1982.

MIÑAMBRES, A; JOVÉ, G; CANADELL, J. M; NAVARRO, M. P.: *¿Se pueden tocar los cuentos?,* Madrid, ONCE, 1996.

MYKLEBUST, H.: *Psicología del sordo,* Madrid, Fundación General Mediterránea, Magisterio Español, 1975.

NOLLA, R: «Trabajar dos culturas», en *Cuadernos de Pedagogía,* diciembre, n.º 264, 1997.

OREM, R. C.: *El método Montessori de educación diferencial,* Barcelona, Paidós Educador, 1986.

ORJASAETER, T.: «Los libros infantiles en la integración de niños deficientes en la vida cotidiana», *Estudios sobre el libro y la lectura,* n.º 1, UNESCO, 1981.

PACHECO, T.; BARREDA, I.: «Elaboración y producción de bibliografía para niños ciegos», en VARIOS: *Reunión Internacional de expertos sobre servicios de bibliotecas para ciegos, Barcelona 1993,* Madrid, ONCE, 1994.

PONCES, J.: *Paràlisi cerebral infantil,* Barcelona, Departament de Benestar Social, Generalitat de Catalunya, 1993.

PUIG, R; SÁNCHEZ, P.: «Ayudas técnicas para la comunicación no-vocal», en BASIL, C. y PUIG, R. (eds): *Comunicación aumentativa,* Madrid, Ministerio de Trabajo y Seguridad Social, INSERSO, 1988.

KOENING, A. J; HOLBROOK: «Selecting the most Apprppriate Primary Learning medium for Students with functional vision», *Journal of Visual Impairment and Blindness,* junio, 1989.

RAJADELL, N.: *Les actituds envers la lectura,* tesis doctoral, Universidad de Barcelona, 1990.

RAMÍREZ, R.: *Conocer al niño sordo,* Madrid, CEPE, 1982.

RENZULLI, J. S.: «What Makes Giftedness? reexamination of a Definition», *Phi Delta Kappa,* 60, 1978.

RICHADEAU, F.: *La lisibilité,* París, CEPL, 1976.

RODRÍGUEZ DIÉGUEZ, J. L.: *Las funciones de la imagen en la enseñanza,* Barcelona, Gustavo Gili, 1978.

SÁNCHEZ, M. DEL PILAR: «El aprendizaje y desarrollo de la lectura (y la escritura) en el alumno con necesidades auditivas: ¿Un reto o una aventura?», en BUENO, J. J. et al.: *Atención educativa a la diversidad en el nuevo milenio,* XVIII Jornadas de Universidades y Educación Especial, Universidad de La Coruña, 2001.

SANTANA, J. R.; TORRES, L.: *La educación del individuo excepcional en América Latina,* Universidad de Puerto Rico, 1987.

SANTOS, M. C. et al.: *La cultura gitana en el currículo de infantil y primaria,* Salamanca, Amarú Ediciones, 1998.

SILVESTRE, N. (coord.): *Sordera. comunicación y aprendizaje,* Barcelona, Masson, 1998.

SIMON, C.: *El desarrollo de los procesos básicos en la lectura Braille,* Madrid, ONCE, 1994.

SCHEIFELE, M.: *El niño sobredotado en la escuela común,* Buenos Aires, Paidós, 1964.

SCHMID, S.: *Habla conmigo,* Buenos Aires, Kapelusz, 1980.

SORO-CAMATS, E.: «Atención temprana: inicios de la comunicación aumentativa y el juego adaptado», en BASIL, C; SORO-CAMATS; ROSSELL, C.:

Sistemas de signos y ayudas técnicas para la comunicación aumentativa y la escritura, Barcelona, Masson, 1998.

STAUFFER, R.: *Directing the ReadingThinking Process,* Nueva York, Harper and Row, 1975.

TAYLOR, B.: *Queridos mamá y papá: qué hacer con el niño preescolar,* Madrid, Narcea, 1981.

TEBEROSKY, A.: «La iniciació a la cultura escrita en el context de la família», en TEBEROSKY, A; SOLE, I.: *Psicopedagogia de la lectura i de l'escriptura,* Barcelona, Ediuoc, 1999.

TOPPING, K.: «Paired Reading: a powerful technique for parent use», *The Reading Teacher,* 40 (7), 1987.

TREVOR KERRY: *Teaching Bright Pupils in Mixed ability classes,* Des Teacher Education Project, Focus Books, Macmillan Education Hong Kong, 1981.

TUBAU, G.: «Imágenes táctiles», *Clij. Cuadernos de Literatura Infantil y Juvenil,* septiembre, n.º 20, 1990.

VICENTE, M. J.: «Baja visión», en ÁLVAREZ, M. F. (coord.): *Aspectos evolutivos y educativos de la deficiencia visual,* vol. II, Madrid, ONCE, 2000.

VARIOS: *La escuela ante la inadaptación social,* Fundación Banco Exterior, Madrid.

VARIOS: *Aimer lire,* París, Editions Bayard Presse Jeune, 1982.

VARIOS: *Mejorando la comunicación sobre las personas con discapacidad,* documento 14/87, Real Patronato de Prevención y de Atención a Personas con Minusvalías, 1988.

VARIOS: *Seminario sobre libros para niños ciegos,* Comisión de acceso a la información y la cultura de la Unión Mundial de ciegos, Suecia, 14 y 15 de agosto, 1990.

VV.AA.: *Libros para la tolerancia,* Madrid, Fundación Germán Sánchez Ruipérez, 1995.

VV.AA.: *Enciclopedia General de la Educación,* Barcelona, Océano, 1998.

VV.AA.: «Leyendo juntos», *L'Espai* n.º 7, Barcelona, Associació de pares de nens sords de Catalunya, 2000.

VEGA, A.: *La educación ante la discapacidad. Hacia una respuesta social de la escuela,* Valencia, Nau Llibres, 2000.

VERHAAREN, P·: *Educación de Alumnos Superdotados. Una introducción a sus características, necesidades educativas y a las adaptaciones curriculares que precisan,* Madrid, Ministerio de Educación y Ciencia, 1990.

VILLALBA, M. R.: *Aspectos evolutivos y educativos de la deficiencia visual,* vol. II, Madrid, SS Manuales, 2000.

VILLAR, F.: «Algunas actividades de la educación especial: prelectura y pre-escritura», en *El niño ciego de 0 a 6 años,* Madrid, Instituto Nacional de Servicios Sociales, Monografía n.º 10, 1981.

WARNOCK, M.: *Special Educational Needs. Report of the Committe of Inquiry into the Education of handicapped Children and Young People,* Londres, HMSO, 1978.

Direcciones Internet:

- Página de necesidades educativas especiales en Internet
  http:// paidos.rediris.es/needirectorio/
- Organización nacional de ciegos:
  http://www.once.es/
- Unitat tiflotècnica O.N.C.E.
  http://194.224.11.75/utt/home.html
- La confederación española de organizaciones en favor de las personas con retraso mental (FEAPS)
  http://web.jet.es/feaps/
- Confedereación nacional de sordos españoles (C.N.S.E.)
  http://www.cnse.es/
- Web de la discapacidad en España
  http://www.discapnet.es/
- Discapacidad en Internet. Instituto universitario de integración en la comunidad.
  http://www.usal.es/inico/enlaces/links.html
- SID, Servicio de información sobre discapacidad
  http://sid.usal.es
- Confederación Nacional de Sordos de España (CNSE)
  http://www.cnse.es.
- Generalitat de Catalunya. Departament d'Ensenyament. Programas Educativos.
  http://www. xtec. es.
- SERI. Special Education Resources on the Internet.
  http://www.hood.edu/seri/serihome.htm